Vornamen für
Jungen

W0084672

Knaurs Taschenlexikon

Vornamen für Jungen

von Claudia Krader

In unserem Lexikon finden Sie den richtigen Namen für Ihren »Siegertypen«.

Inhaltsverzeichnis

Vorwort

Der Vorname begleitet uns ein Leben lang. Er ist ein Stück von unserer Individualität, macht uns unterscheidbar von anderen Menschen, wie unser Gesicht. Die meisten von uns machen sich kaum Gedanken über ihren Namen – er ist einfach da. Andererseits wissen wir, dass sich unsere Eltern oft sehr intensive Gedanken gemacht haben, bevor sie uns unseren Namen gaben. Und in vielen Familien gibt es amüsante Geschichten über die Namensfindung.

Wenn wir dann selbst vor der Wahl stehen, merken wir plötzlich, wie viel Aufmerksamkeit und Nachdenken die Auswahl des richtigen Namens erfordert: Eine passende Bedeutung soll er haben, unserem Kind vielleicht eine Art Motto mit auf den Lebensweg geben. Er soll schön klingen und zum Familiennamen passen. Und wenn schon Geschwister da sind, sollen die Namen im Zusammenklang auch familiären Zusammenhalt ausdrücken.

Werdende Eltern stehen also vor einer schwierigen Entscheidung. Manchmal wird der Familienrat einberufen, manchmal werden Freunde zur Hilfe geholt. Viele werdende Eltern lassen sich bei der Namenswahl für ihr Kind aber von niemandem »in die Karten sehen« und antworten vor der Geburt des Kindes auf die Frage »Habt ihr denn schon einen Namen?« nur mit einem viel sagenden Lächeln, bis der neue Erdenbürger dann endlich da ist und das große Geheimnis gelüftet wird.

Unser Taschenlexikon soll Ihnen die Qual der Wahl erleichtern. Sie finden eine große Zahl von Namen mit den verschiedensten kulturellen und sprachlichen Hintergründen. Sie erfahren, aus welcher Sprache der Name stammt, wie er zusammengesetzt ist und was er bedeutet. Kurz- und Nebenformen werden ebenfalls angegeben.

Vertiefende Artikel bieten Ihnen zusätzliche Informationen. Darin erfahren Sie Wissenswertes über rechtliche Bestimmungen zur Namenswahl, über die beliebtesten Namen der letzten Jahre und Jahrzehnte, über die Geschichte der Vornamen und über ihren Klang.

Am Ende des Buches finden Sie wichtige und hilfreiche Adressen, wo Sie weitere Informationen erhalten.

Sie interessieren sich speziell für traditionelle deutsche Namen, für Namen aus der Bibel, aus unseren europäischen Nachbarländern oder aus fremden Kulturen? Dann finden Sie im Anhang thematisch geordnete Listen als ersten Wegweiser

Wir hoffen, dass wir Ihnen mit diesem Buch die Suche nach einem guten Namen für Ihr Kind erleichtern. Ihnen und Ihrem Kind wünschen wir alles erdenklich Gute.

Jungennamen von A bis Z

A

Aaron biblischer Name, von hebräisch aharon = - »Erleuchteter«, ein älterer Bruder des Moses, auch: Aron

Abdul arabisch, von abd = »Knecht, Sklave, Diener«

Abel biblischer Name, von hebräisch hebel = »Hauch, Vergänglichkeit«

Abner englisch, biblischer Name, von hebräisch = »Vater des Lichts«

Abraham biblischer Name, von hebräisch abram = »erhabener Vater«

Achaz hebräisch, von achaz = »der Herr besitzt« oder von griechisch agathos = »gut«, auch: Achatz

Achill griechisch, von Achilleion, einem Schloss auf der griechischen Insel Korfu, bedeutendster Sagenheld im Trojanischen Krieg, andere Formen: Achilles, Achilleas

__Absalom__, von hebräisch abshalom = »Vater des Friedens«, setzte sich als Name nicht durch, weil sein Träger auf der Flucht mit seinem langen Haupthaar an einem Ast hängen blieb und getötet wurde.

Achim Kurzform von Joachim

Achmed arabisch, von achmed = »preis-«, »lobeswürdig«

Adalbert althochdeutsch, von adal = »edel« und beraht = »glänzend«, andere Formen: Adelbert, Adalbero

Adam wahrscheinlich von hebräisch adama = »Erde«, auch: Adamo

Adnan wahrscheinlich von arabisch adhnan = »Ruf zum Gebet«

Adolf von althochdeutsch Adalwolf = »edler Wolf«, andere Formen: Adolfo, Adolph, Adolphe, Adolph

Adrian von lateinisch hadrianus = »aus der Stadt Adria«, andere Formen: Adriaan, Adrien, Adriano, Arian

Adonis, von semitisch adon = »Herr«, war der Name des Geliebten der Göttin Aphrodite, eines außergewöhnlich schönen Jünglings.

Age friesische Kurzform von Namen mit Age-

Ägid griechisch, von aigis = »Schild des Zeus«, andere Formen: Ägidius, Egidius

Agilo Kurzform von Namen mit Agil-

Agimar althochdeutsch, von ekka = »Schwert, Schneide« und mari = »berühmt«, auch: Egilmar, Agimo

Aginald althochdeutsch, von ekka = »Schwert, Schneide« und waltan = »walten, herrschen«, andere Formen: Ayold, Eginald

Aginolf althochdeutsch, von ekka = »Schwert, Schneide« und wolf = »Wolf«, andere Form: Aigulf

Agnolo italienisch, Sonderform von Angelo

Aimo finnische Form von Achaz

Ain schottisch = »eigen«

Ainers friesische Sonderform von Andreas

Akash indisch = »der Himmel«

Akim russische Form von Joachim

Akshar indisch = »unvergänglich«

Alaaddin ist in der Türkei ein gebräuchlicher Vorname und bedeutet »die beste, die vorzüglichste aller Religionen«. Wir kennen ihn eher als Märchenfigur aus »Tausendundeine Nacht«.

Aladar ungarisch, vielleicht von slowakisch vladár = »Herrscher«

Alain französische Form von Allen

Alban lateinisch, von albanus = »aus Alba«, nach der mittelitalienischen Stadt Alba

Alberich althochdeutsch, von alb = »(guter) Naturgeist« und rihhi = »reich«

Albert englische und französische Kurzform von Adalbert, auch: Alberto

Albin lateinisch, von albus = »weiß«

Albo Kurzform von Namen mit Alb-

Albrecht Kurzform von Adalbrecht, von althochdeutsch adal = »edel« und beraht = »glänzend«

Albwin althochdeutsch, von alb = »(guter) Naturgeist«
und wini = »Freund«, andere Formen: Albuin, Alboin

Alcott altenglisch, von ald = »alt« und cot = »Hütte«,
auch: Alcot

Aldo italienisch, Kurzform von Aldobrando

Aldous englisch, von altenglisch eald = »alt«

Alec englische Kurzform von Alexander

Alejo spanische Form von Alexander

Aleko bulgarische Kurzform von Alexander

Aleksej russische Form von Alexander

Alex Kurzform von Alexander

Alexander von griechisch alexein = »schützen« und
andros = »Mann«, seit dem Mittelalter in Europa
beliebt, andere Formen: Aleksandar, Alessandro,
Alessio, Alexandre, Alexandros, Alexius

Alexis griechisch, von alexios = »helfend«

Alfons ursprünglich westgotisch, von althochdeutsch
al = »ganz, völlig« und funs = »bereit«, andere Formen: Adelfons, Affonso, Alfonso, Alonso (Alphonse
zu Adelfons)

Alfred englisch, von altenglisch aelf = »Naturgeist« und
raed = »Rat(geber)«

Alfried Kurzform von Adalfried, von althochdeutsch
adel = »edel« und fridu = »Frieden«

Ali arabisch = »der Erhabene«

Alkmar althochdeutsch, von alah = »Heiligtum« und mari = »berühmt«

Allan englisch, aus dem Keltischen, Bedeutung vielleicht = »Friede«, andere Formen: Allen, Alan, Alain

Alois althochdeutsch, von alwisi = »sehr weise«, andere Formen: Aloisius, Aloysius

Alpaslan türkisch, von alp = »wagemutig, heldenhaft, tapfer« und aslan = »Löwe«

Alto Kurzform von Altmann oder Sonderform zu Aldo

Alvar schwedisch, von elva = »Elfe« und här = »Herr«

Alvaro spanisch, vermutlich von germanisch al = »ganz« und wari = »Hüter«

Alwin Kurzform von Adalwin oder Alfwin, von althochdeutsch wini = »Freund«, auch: Alvin

Amadeus lateinisch, von ama deus = »Liebe Gott!«, auch: Amadeo

Amandus lateinisch, von amandus = »der Liebenswerte«, auch: Amand

Amatus lateinisch, von amatus = »der Geliebte«

*Der Kontinent Amerika hat seinen Namen von **Amerigo** Vespucci (1451 – 1512), einem italienischen Seefahrer. Amerigo ist eine Form des althochdeutschen Amalrich, von rihhi = »reich«.*

Ambrosius latinisiert von griechisch ambrosios = »unsterblich, göttlich«, andere Formen: Ambrosio, Ambros, Ambroise, Ambrose

Amery englisch, von germanisch amal = »Kraft, Stärke« und ric = »Macht«

Amin arabisch und hebräisch = »Wahrheit, Gewissheit«

Amir englisch, von arabisch = »Fürst«

Amon hebräisch, Bedeutung ungeklärt, vielleicht vom ägyptischen Gott Amun = »der Verborgene«

Amos biblischer Name, von hebräisch amos = »der (von Gott) Getragene«

Anand indisch, von Sanskrit = »Freude, Glück, Segen«

Anastasius latinisiert von griechisch anastasis = »Auferstehung«, auch: Anastasios, Anastas

Anatol von griechisch anatole = »Sonnenaufgang, Morgenland«

Anders skandinavische Sonderform von Andreas

András ungarische Form von Andreas, auch: Andor

André französische Form von Andreas

Andreas von griechisch andreios = »mannhaft, tapfer«, andere Formen: Andres, Andrea, Andrew

Andrei russische Form von Andreas

Andy englische Kurzform von Andrew

Angelo italienische Form von Angelus, von lateinisch angelus = »Engel«

Angus schottisch, vom keltischen Namen Aonghus und den irischen Gott Oengus

Anil indisch = »Wind«

Anish indisch, Beiname des hinduistischen Gottes Vishnu

Anjo bulgarische Sonderform von Angelus

Ansas litauische Form von Hans

Anselm von althochdeutsch ans = »Gott« und helm = »Helm, Schutz«, andere Formen: Anselmo, Anshelm

Die Silbe Ans- bei Namen wird abgeleitet vom althochdeutschen Begriff ans= »(heidnischer)Gott«.

Ansgar von althochdeutsch ans = »Gott« und ger = »Speer«

Antal ungarische Form von Anton

Antek slawische Sonderform von Anton

Anthony englische Form von Anton

Anton gekürzt von Antonius, nach dem römischen Geschlechternamen der Antonier, andere Formen: Antonio, Antonello, Antonin, Antoninus

Anup indisch = »unvergleichlich«

Anwar arabisch = »Licht«

Anzo italienische Kurzform von Anselmo

Aram englisch, von assyrisch aramu = »hoch droben«

Arden von lateinisch ardere = »brennen«

Arend norddeutsche Sonderform von Arnold, von althochdeutsch arn = »Adler«, auch: Arent

Arian niederländische Kurzform von Adrian

Aribert französische Form von Herbert

Arik Kurzform mehrerer russischer Vornamen

Aristid französisch, von griechisch aristos = »Bester«
und eidos = »Gestalt«, andere Formen: Aristide,
Aristides

Aristoteles neugriechisch, von
griechisch aristos = »Vornehm-
ster« und telos = »Ziel«, auch:
Aristotelis

Arjun indisch, von Sanskrit =
»weiß, hell«

Arko Kurzform von Namen mit
Arn-, auch: Arke

Arlo englisch, von altenglisch =
»befestigter Hügel«

Armin Kurzform von Arminius,
auch: Arnim

*Bekannt wurde der
Name **Arminius** durch
den Cheruskerfürsten
(18 v. Chr. – 19 n.
Chr.), der im Teuto-
burger Wald ein Heer
der Römer besiegte
und zu einer Symbol-
figur für den Befrei-
ungskampf der Ger-
manen wurde.*

Arminius latinisierte Form eines Irmin-Namens; Irmin
war der Stammesgott der germanischen Herminonen

Arndt norddeutsche Kurzform von Arnold, andere Formen: Arnd, Arnt

Arno Kurzform von Namen mit Arn-, von althochdeutsch arn = »Adler«

Arnold Kurzform von Arnhold, von althochdeutsch arn
= »Adler« und waltan = »herrschen«, andere Formen:
Arnolt, Arend, Arild, Arnaldo, Arnaud

Berühmt und berüchtigt –
Vornamen und Vorbilder

Was früher die Heiligen waren, das sind heute Film- oder Popstars, könnte man denken. Die Sprachforscher sind da anderer Meinung. Der Einfluss der Unterhaltungsmedien werde stark überschätzt, schreiben die Herausgeber des »Duden Lexikon der Vornamen«. Vielmehr seien es nur wenige Eltern, die ihr Kind nach einem Medienstar taufen würden. Heute wird vor allem darauf geachtet, dass ein Name schön klingt und nicht verschandelt werden kann.

Trotzdem holen sich viele Eltern Anregungen von ihren Lieblingshelden aus Literatur, Theater oder Film. Oder sie entscheiden sich für den Namen eines bewunderten Sportlers, Politikers, Schauspielers, Sängers oder Wissenschaftlers.

Viele Vornamen werden außerdem heute erst dann so richtig populär oder rücken überhaupt (wieder) ins Bewusstsein, wenn sie dem Zeitgeschmack entsprechen und eine bekannte Person ihn trägt: Nastassja Kinski, Boris Becker samt seinem Sohn Noah, Stefanie Graf oder Kylie Minogue sind Beispiele dafür.

In den Fünfzigerjahren des 20. Jahrhunderts dagegen tauften gerade Arbeiterfamilien ihre Kinder oft nach Mitgliedern der High Society (Gunther, Curd, Grazia Patrizia).

Vorbilder und Leitfiguren

Ein weit wichtigeres Kriterium für die Wahl eines prominenten Vornamen sind Vorbilder. Man weiß aus Untersuchungen bei Sekretärinnen und Büroangestellten, dass ihre Kinder häufig nach einem oder einer bewunderten Vorgesetzten benannt werden.

Ein weiteres Beispiel sind Lehrer. »Es ist spannend«, sagt der Schweizer Namensforscher Ramseyer von der Universität Bern. »Häufig taufen Lehrer ihre eigenen Kinder nach guten Schülern. Das geschieht meistens unbewusst.«

Eine große Rolle bei der Namensgebung spielen seit einigen Jahrzehnten sportliche Vorbilder, die den Kindern als Leitfiguren dienen sollen. So gab es in Bayern in den Siebzigerjahren des 20. Jahrhunderts einen »Rosi-und-Christian«-Boom – ausgelöst durch die Hochzeit der Skirennläufer Rosi Mittermeier und Christian Neureuther. Auch Michael und Ralph Schuhmacher mitsamt Corinna werden sicher, wie vor ihnen Boris und Steffi, ihre Spuren in der Vornamensstatistik hinterlassen, auch wenn dies im Einzelnen sehr schwer zu belegen ist.

Verbindungslinien

Wenn Eltern den Namen einer berühmten Persönlichkeit oder einen Namen aus Literatur, Theater oder Musik wählen, sollten sie bedenken, dass dieser Name immer mit dieser Persönlichkeit und ihrem Kind verbunden sein wird. Bei Luciano denkt zwar nicht jeder an Luciano Pavarotti, wer aber sein Mädchen Montserrat nennt, muss damit rechnen, dass es wahrscheinlich zeitlebens auf die Sängerin Montserrat Caballé angesprochen wird. Die Regel lautet: Je außergewöhnlicher der Name, desto fester die gedankliche Verbindung. Und diese Verbindung muss nicht immer schmeichelhaft sein.

Zudem sind manche Namen mit festen Vorstellungen von der Person verbunden. Wie unpassend kann sich zum Beispiel im späteren Leben der Name Carmen für ein kleines, rotblondes und schüchternes Mädchen erweisen oder der Name Amadeus für einen überaus kräftigen Jungen, der eine Karriere als Boxer anstrebt.

Vor allem ausländische Namen wollen mit Bedacht gewählt werden. Mit Namen aus dem westeuropäischen Raum gibt es seit den Neunzigerjahren 20. Jahrhunderts fast keine Probleme mehr. Anders sieht es mit Namen aus entfernten Kulturen aus.

Seit einiger Zeit sind zum Beispiel einige indianische Namen in Deutschland erstmals zugelassen. Doch nur wer eine innige und echte Beziehung zu den Indianern Nordamerikas hat, sollte diese Namen auch wählen, um dem Kind einen Bezug zu der Kultur vermitteln zu können, aus der der Name kommt. Genauso verhält es sich bei asiatischen, polynesischen oder arabischen Vornamen.

Wolfgang Amadeus Mozart (1756–1791): Sein zweiter Vorname war im 18. Jahrhundert besonders beliebt.

Arnulf althochdeutsch, von arn = »Adler« und wolf =
»Wolf«

Arpad ungarisch, von árpa = »Gerstenkorn«

Arthur englisch, wahrscheinlich von keltisch artus =
»Bär«, andere Formen: Artur, Artus, Arturo

Arun indisch, von Sanskrit = »Morgenröte«

Arwed skandinavisch, von nordisch ar(n) = »Adler«
und schwedisch ved = »Holz«, andere Formen: Arved,
Arvid

Asher englisch, vom biblischen Namen Ascher, von
hebräisch = »Glück«

Aslam von arabisch = »sicherer, gesünder«

Asmus Kurzform von Erasmus

Attila von gotisch attila = »Väterchen«, der gleich-
namige Hunnenkönig (gest. 453) führte Krieg gegen
das Weströmische und das Oströmische Reich

August lateinisch, von augustus = »der Erhabene«,
Ehrenname der römischen Kaiser, auch: Augustin

Aurel vom Namen des römischen Geschlechts der
Aurelier, auch: Aurelius

Austen niederdeutsche Kurzform von Augustin, auch:
Austin

Axel dänische/schwedische Kurzform von Absalom

Azmi türkisch, von azim = »fest entschlossen, bestrebt«

Azzo Kurzform von Namen mit Adal-

B

Bahne friesisch, vielleicht von althochdeutsch ban = »Bann«, andere Formen: Bahnes, Bane, Baan

Baldo friesische Kurzform von Namen mit Bald-

Baldram althochdeutsch, von bald = »kühn, mutig« und ram = »Rabe«, auch: Baltram

Balduin niederdeutsche Form von Baldewin, von althochdeutsch bald = »kühn, mutig« und wini = »Freund«, andere Formen: Baldovino, Baldwin, Baudouin

Baldur von Balder, dem nordischen Gott des Lichts

Balko Kurzform von Balduin

Balte niederländische Kurzform von Balthasar

Balthasar von hebräisch Belsazar = »Gott schütze sein Leben«, Regent des letzten Königs des neubabylonischen Reiches

Baptist von griechisch baptistes = »Täufer«

Bardo Kurzform von Bardolf

Bardolf von althochdeutsch parta = »Axt« und wulf = »Wolf«

Barry amerikanisch, Ableitung zum irischen Namen Bearrach = »Speer«

***Baptist** ist der Beiname des Bußpredigers Johannes des Täufers. Daher kommt auch der Doppelname Johann Baptist.*

Bartholomäus von aramäisch Bar Tolmai = »Sohn des Tolmai«, einer der zwölf Apostel, andere Formen: Bartolomeo, Bartholomé, Bartolo

Baruch von hebräisch barukh = »der Gesegnete«

Basil Kurzform von Basilius

Basilius von griechisch basileios = »König«, auch: Basileo

Bastian Kurzform von Sebastian, auch: Bastien

Beat von lateinisch beatus = »der Glückliche«, andere Formen: Beath, Beatus

Beau von französisch beau = »schön«

Bedrich tschechische Form von Friedrich

Bekir türkisch, von bekir = »rein, unberührt«

Béla ungarisch, von bél = »Inneres, Herz«

Ben englisch, von keltisch beann = »Gipfel, Berg«, von mittelenglisch ben = »Haus« oder von hebräisch ben = »Sohn«

Benedikt von lateinisch benedictus = »der Gesegnete«, andere Formen: Benedictus, Benedict, Bendix, Benedetto, Benedicto, Benoit, Benito

Bengt schwedische Form von Benedikt

Benjamin von hebräisch binjamin = »Sohn der Rechten (glücklichen Hand)«, umgedeutet als »Glückssohn«, Nebenbedeutung »Jüngster der Familie«, auch: Beniamino

Benno Kurzform von Namen mit Bern- oder Benedikt

Bent dänische Form von Benedikt

Berend niederdeutsche Form von Bernhard

Bernd Kurzform von Bernhard, auch: Bernt

Bernhard althochdeutsch, von pero = »Bär« und hart = »stark«, ande-re Formen: Berhard, Bernhardin, Bernardo, Bernardus

Berno Kurzform von Bernhard

Bernold althochdeutsch, von pero = »Bär« und waltan = »herrschen«, andere Formen: Bernhold, Berold

Bert Kurzform Namen mit Bert-, von althochdeutsch beraht = »hell, strahlend, glänzend«

> *Die Silbe **ber-** oder **bern-** kommt von althochdeutsch pero = »Bär«, möglicherweise auch ber = »Eber«. Für die Germanen war der Bär der König der Tiere. Sein Name sollte dem Träger Stärke verleihen.*

Berthold althochdeutsch, von beraht = »hell, strahlend« und waltan = »herrschen«, andere Formen: Bertold, Bertolt, Berchtold

Bertil schwedische Kurzform von Namen mit Bert-

Bertin französische Form von Namen mit Bert-

Bertram althochdeutsch, von beraht = »hell, glänzend« und ram = »Rabe«

Bertrand englisch/französisch, von althochdeutsch beraht = »hell, glänzend« und rant = »Schild«

Bill englische Kurzform von William

Birger skandinavisch = »Schützer«

Bjarne norwegische Form von Björn

Björn von schwedisch björn = »Bär«

Blasius latinisiert von griechisch basileios = »der Königliche«, andere Formen: Biasio, Blaise

Blythe englisch, von altenglisch blithe = »unbeschwert«

Bob englische Kurzform von Robert

Bodo Kurzform von Namen mit Bod-, von althochdeutsch boto = »Gesandter«, auch: Botho

Bogdan slawisch, von russisch bog = »Gott« und russisch dan = »Gabe«

Boris russische Kurzform von Borislaw, von borba = »Kampf« und slava = »Ruhm«

Boyd schottisch, Clanname, vom keltischen Wort für »gelb«

Bodo war bis in die 50er Jahre des 20. Jahrhunderts vor allem in Norddeutschland ein beliebter Vorname und wird heute leider nur noch selten gewählt.

Bozo Kurzform von einem Namen mit Bod-

Brad Kurzform von Bradley

Bradley englisch, von altenglisch = »weite Wiese«

Branko serbokroatische Kurzform von einem Namen mit Bran-

Brendan irisch, vielleicht von irisch braon = »Tropfen«

Brian englisch, von keltisch bryn = »Hügel«, auch: Bryan

Brisko slawische Sonderform zu Friedrich

Broder niederdeutsch-friesisch, von broder = »Bruder«

Bruce englisch, von einem gleich lautenden Familiennamen abgeleitet

Bruno von althochdeutsch brun = »der Braune« oder
Kurzform zu einem Namen mit Brun-, von brünne =
»(Panzer)hemd«

Bülent türkisch, von persisch =»groß, sehr hoch«

Burkhard althochdeutsch, von bergan = »schützen«
und hart = »stark«, andere Formen: Burghard,
Burkard, Burkart, Burkert, Borchard

Burt amerikanisch, vom Familiennamen Burton

Busse niederdeutsche Kurzform von Burkhard, auch:
Busso

Byron amerikanisch, auf den englischen Dichter Lord
Byron (1784–1824) zurückgehend, von einem Wort
für »Scheune«

C

Cadoc Name eines walisischen Heiligen aus dem
6. Jahrhundert

Caesar lateinisch, Beiname im römischen Geschlecht
der Julier, vielleicht von caedere = »schneiden« oder
von caesaris = »Haarschopf«, auch: Cäsar, Cesar

Caleb englisch, biblischer Name, von hebräisch kalebh = »mutig«

Callistus lateinisch, von griechisch kalistos = »der Schönste«

Calogero italienisch, von griechisch kalos = »schön«

Calvert englisch, von altenglisch cealf = »Kalb«, mit der Bedeutung »Hirte«

Calvin amerikanisch, nach dem Familiennamen des Reformators Johannes Calvin

Cameron schottisch, Clanname mit der Bedeutung »krumme Nase«

Camillus lateinisch, von camillus = »ehrbarer Knabe«, andere Formen: Camill, Camille, Camillo

*Der römische Imperator Julius **Cäsar** erhielt seinen Beinamen angeblich von seiner Geburt durch einen Kaiserschnitt.*

Candidus lateinisch, von candidus = »der Reine, Aufrichtige«, auch: Candid

Carl Sonderform von Karl, althochdeutsch = »freier Mann«, andere Formen: Carlo, Carlos, Carolus

Carsten Sonderform von Karsten

Cary englische Kurzform von Carolus

Casimir Sonderform von Kasimir, von polnisch kasimierz = »Friedensstifter«

Caspar Sonderform von Kaspar, von persisch = »Schatzmeister«

Cassius englisch, vom römischen Geschlechternamen der Cassier, von lateinisch cassus = »leer, nichtig«

Cecil englische Form von Cäcilius, einem römischen Geschlechternamen

Cedric englisch, vermutlich von Cerdic, dem Namen eines sagenhaften westsächsischen Königs

Cemal türkisch, von arabisch = »Glanz, Schönheit«

Çetin türkisch, von çetin = »feurig, lebhaft«

Chad amerikanisch, Herkunft und Bedeutung unbekannt

Chaim von hebräisch = »Leben«

Chander indisch = »Mond«

Charalambos neugriechisch = »überstrahlt mit Freude«

Chester englisch, von lateinisch castra = »Lager«, ursprünglich Ortsname

Chlodwig Sonderform von Ludwig

Chris Kurzform von Christian

Christian von lateinisch christianus = »Anhänger von Christus«, das sich von griechisch chriein = »ölen, salben« ableitet

Christoph von griechisch Christophoros = »Christusträger«, nach dem heiligen Christophorus, der das Jesus-

Che *war der Spitzname des argentinischen Revolutionärs Ernesto Guevara (1928 – 1967) und soll »Hallo!« bedeuten. Nach dem Tod Guevaras entwickelte sich Che zum Modenamen bei der Neuen Linken. So nannte zum Beispiel Rudi Dutschke seinen Sohn Hosea Che.*

kind durch einen Fluss trug, andere Formen:
Christoff, Christof, Christoffer, Christopher, Cristoforo

Christos neugriechisch = »Christus«

Cid vom spanischen Nationalhelden El Cid, von arabisch
saijid = »Herr«

Claas Sonderform von Klaas, auch: Claes

Clark englisch, von lateinisch clericus = »Geistlicher«,
andere Formen: Clarke, Clerk

Claude französische Form von
Claudius

Claudius lateinisch, vom römischen Geschlechternamen der
Claudier, von lateinisch claudus =
»lahm«, auch: Claudio

Claus Sonderform von Klaus

Clemens lateinisch, von clemens =
»mild«, auch: Clement

Cölestin von lateinisch caelestinus
= »himmlisch«, andere Formen: Coelestin, Célestin

Colin englische und französische Kurzform von Nicolas

Conan irisch = »Wolf«

Conrad Sonderform von Konrad, von althochdeutsch
kuoni = »kühn, tapfer« und rat = »Rat, Beratung«

Constantin Sonderform von Konstantin, von lateinisch
constantinus = »der Standhafte«, andere Form: Costin

*__Columbus__ kommt
von lateinisch colum-
bus = »der Tauber«
und wird seit dem
Entdecker Christo-
pher Columbus kaum
noch als Name
gewählt.*

Corbinian Sonderform von Korbinian, von keltisch für »Streitwagenfahrer«

Cornelius lateinisch, vom römischen Geschlechternamen der Cornelier

Coskun türkisch, von coskun = »feurig, lebhaft«

Cosmas von griechisch kosmos = »Ordnung«

Crispin von lateinisch crispus = »kraushaarig«, andere Formen: Crispinus, Crispianus

Cullen englisch, von keltisch = »Junges« oder von mittelenglisch cull = »aussuchen«

Curt Sonderform von Kurt, auch: Curd

Curtis englisch, von altfranzösisch curtis = »höflich, ritterlich«

Cyprian von griechisch kyprios = »aus Zypern«, auch: Cyprianus, Cyprien

Cyrill von griechisch kyrios = »Herr«, andere Formen: Cyrillus, Cyril

Cyrus englisch, von persisch khurush = »Sonne«

D

Daem Sonderform von Adam

Dag schwedische Kurzform von Namen mit Dag-

Dagobert althochdeutsch, von dag = »Tag« und beraht = »glänzend«

Dakota amerikanisch, nach dem gleichnamigen indianischen Volk

Dale von nordisch dal = »breites Tal« und altenglisch dael = »Tal«, auch: Dayle

Damian englisch, wahrscheinlich von griechisch demos = »Volk«, andere Formen: Daimiano, Damien, Damianos

Damon englisch, von griechisch daimon = »göttliches Wesen«

Dan englisch, von hebräisch dan = »Richter«

Danco serbische Kurzform von Daniel

Daniel ist ein Prophet des Alten Testaments. Er deutet in der Gefangenschaft die Träume des babylonischen Königs Nebukadnezzar und hat apokalyptische Visionen.

Daniel biblischer Name, von hebräisch danijjel = »Gott ist (mein) Richter«, andere Formen: Daniello, Danilo

Dankmar althochdeutsch, wahrscheinlich von thank, danc(h) = »Dank, Gnade, Lohn« und mari = »berühmt«

Danko serbokroatisch = »der Geschenkte«

Dankrad althochdeutsch, wahrscheinlich von thank, danc(h) = »Dank, Gnade, Lohn« und rat = »Ratgeber«, auch: Dankrat

Danny englische Kurzform von Daniel, auch: Dany

Dano bulgarische Kurzform von Daniel

Dante italienisch, Kurzform von Durante, von lateinisch durandus = »der Ausdauernde«

Darius lateinisch, von griechisch dareios = »Bezwinger«, auch: Dario

David biblischer Name, von hebräisch david = »Geliebter, Liebling«, im Alten Testament König von Juda und Israel, etwa von 1004 bis 965 v. Chr.

Davis schottisch = »Davids Sohn«

Dean englisch, von dean = »Dekan, Dechant, Vorstand«

Deik niederdeutsche Sonderform von Namen mit Diet-

Delano englisch, von keltisch = »dunkler Mann« oder französisch = »de la nuit«

Delbert Neuschöpfung des 20. Jahrhunderts, -bert von althochdeutsch beraht = »glänzend«

Delmar englisch, -mar von lateinisch mare = »Meer«

Demetrius lateinisch, von griechisch demetrios = »der Göttin Demeter geweiht«

Deniz türkisch, von deniz = »das weite offene Meer«

Dennis englisch, wahrscheinlich Ableitung von Dionysius, auch: Denis, Denice, Denny

Denzil englisch, von einem alten walisischen Familien- und Ortsnamen, von keltisch dinas = »befestigter Platz« und kornisch uhel = »hoch«, auch: Denzel

Derek englische Kurzform von Diederik, auch: Derrick

Dermot englisch, von irisch diarmait = »frei von Neid«

Desiderius von lateinisch desiderare = »wünschen«, auch: Desiderio

Detlef niederdeutsche Form von Dietleib, von althochdeutsch thiot, diet = »Volk, Menschen«, auch: Detlev

Dettmar niederdeutsche Form von Dietmar, auch: Detmar

Dewald niederdeutsche Kurzform von Dietwald

Didi Sonderform von Dieter oder Dietrich

Didier französische Form von Dieter

Diego spanische Form von Jakob, gekürzt aus Sant Jago = »Sankt Jakob«

*Die Silbe **Diet**- taucht bei Vornamen sehr häufig auf. Sie ist abgeleitet von althochdeutsch thiot, diet = »Volk, Menschen«.*

Dietbald althochdeutsch, von thiot, diet = »Volk, Menschen« und bald = »kühn«, andere Formen: Diebald, Dietbold, Debald, Debold

Dietbert althochdeutsch, von thiot, diet = »Volk, Menschen« und beraht = »glänzend«

Dieter Kurzform von Dietrich und Sonderform von Diether, von althochdeutsch heri = »Heer«

Dietger von althochdeutsch ger = »Speer«

Diethard von althochdeutsch hart = »hart, stark«

Diethelm von althochdeutsch helm = »Helm, Schutz«

Dietmar vor. althochdeutsch mari = »berühmt«, andere
Formen: Ditmar, Dittmar

Dietrich von althochdeutsch rihhi = »mächtig, reich«,
andere Form: Diedrich

Dietz Sonderform vor. Dietrich

Dillon englisch, von keltisch = »treu«

Dimitri russ.sche Form von Demetrius, auch: Dimitry, Dimitrios

Dinko slawische Kurzform von
Dominik

Dino italienische Kurzform von
Namen mit -dino

Diomidis neugriechisch, von griechisch dios = »Zeus« und midos =
»Wille, Rat«

Dirk Kurzform von Diederik, auch:
Derk, Dierk

Django Name aus der Sprache der
Sinti oder Roma für Johannes

Dogan türkisch = »Falke«

Dominik von lateinisch dominicus
= »dem Herrn zugehörig«, andere Formen: Dominikus,
Domenic, Domenico, Dominic, Domingo, Dominique

Donald englisch, von keltisch domhnall = »Welt-
herrscher«

*Der Name **Diogenes**
stammt von grie-
chisch dios = »Zeus«
und genos = »Her-
kunft«, bedeutet also
»der von Zeus
abstammt«. Dioge-
nes von Sinope (400
– 328/323 v.Chr.) war
ein griechischer Phi-
losoph, der ein aske-
tisches Leben propa-
gierte und angeblich
in einer Tonne lebte.*

Donatus von lateinisch donatus = »der (von Gott) Geschenkte«, andere Formen: Donat, Donato, Donatien

Donovan englisch, von einem irischen Familiennamen mit der Bedeutung »dunkelbraun«

Dorian englisch, von lateinisch dorianus = »der Dorer«, andere Formen: Dorien, Doriano

Dothias friesischer Vorname, ohne Deutung, auch: Dotias

Dougal englisch, von gälisch dubh = »dunkle Farbe« und gall = »Fremder«

Douglas englisch, von einem keltischen Sippennamen mit der Bedeutung »dunkelblau«

Dragan slowenische Kurzform von Dragomir

Dragomir südslawisch, von altslawisch dragi = »lieb, teuer« und mir = »Friede«

Dragoslav serbokroatisch, von altslawisch dragi = »lieb, teuer« und slava = »Ruhm«

Duncan englisch, von altirisch dunecan = »dunkler Krieger«

Dusan serbokroatische Form von Stephan

Dustin englisch, Sonderform von Dunstan, abgeleitet von altenglisch dun = »Hügel« und stan = »Stein«

Dylan walisischer Held und Sohn des Meeresgottes

E

Earl englisch, von earl = »Graf«

Eberhard althochdeutsch, von eber = »Eber« und hart = »hart, stark«, auch: Eberhart

Eckehard althochdeutsch, von ekka, egga = »Schneide, Spitze, Ecke« und hart = »hart, stark«, andere Formen: Eckart, Eckehart, Eckhard, Eckhart

Edgar von altenglisch ead = »Besitz« und gar = »Speer«

Edmund von altenglisch ead = »Besitz« und mund = »Schutz«, andere Formen: Edmundo, Eamon, Edmond

*Ein berühmter Träger des Namens **Edmund** war der deutsche Philosoph Edmund Husserl (1859–1938), der Begründer der Lehre der Phänomenologie.*

Eduard ursprünglich französisch zu englisch Edward, auch: Eduardo

Edward englisch, von altenglisch ead = »Besitz« und weard = »Hüter«, auch: Edvard

Edwin von altenglisch ead = »Besitz« und wine = »Freund«, andere Formen: Edwyn, Edvin

Edzard friesische Kurzform von Eckehard, andere Formen: Edsert, Edsar, Edsardt

Egbert Sonderform von Agilbert = »berühmter Schwertkämpfer«, andere Form: Eckbert

Die beliebtesten Jungennamen in Deutschland und aller Welt

Sie suchen einen Namen für Ihren Sohn. Er soll einen Namen haben, den alle Kinder in seinem Alter kennen und nicht ungewöhnlich finden? Dann sind Sie bei einem Namen aus der deutschen Hitliste sicher. Oder suchen Sie einen ungewöhnlichen Vornamen? Dann meiden Sie, was auf Hitlisten steht!
Zum Vergleich finden Sie auf diesen Seiten auch Statistiken aus anderen Ländern. Sie werden sehen, dass die Welt – zumindest bei den Namen ihrer Kinder – schon eng zusammengerückt ist.

Die beliebtesten Jungennamen Deutschlands im Jahr 2001

1. Leon
2. Alexander
3. Maximilian
4. Lukas
5. Paul
6. Tim
7. Jonas
8. Niklas
9. Jan
10. Daniel

Die beliebtesten Jungennamen Deutschlands von
1957 bis 2000 in alphabetischer Reihenfolge

Alexander	Jürgen	Peter
Andreas	Kevin	Philipp,
Benjamin	Klaus	Phillipp
Bernd	Leon	Ralf, Ralph
Christian	Lukas	René
Daniel	Marcel	Robert
David	Marco, Marko	Sebastian
Dennis	Mario	Stefan, Stephan
Dieter	Markus	Steffen
Dirk	Martin	Sven, Swen
Dominik	Mathias, Mat-	Thomas
Eric, Erik	thias	Thorsten,
Felix	Max	Torsten
Florian	Maximilian	Tim
Frank	Michael	Tobias
Jan	Mike, Maik	Tom
Jens	Niklas	Ulrich
Jonas	Patrick	Uwe
Jörg	Paul	Wolfgang

Die beliebtesten Jungennamen in den USA im Jahr 2001

1. Jacob
2. Michael
3. Nicholas
4. Matthew
5. Joshua
6. Andrew
7. Joseph
8. Christopher
9. Anthony
10. Dylan

Die beliebtesten Jungennamen in Australien im Jahr 2001

1. Jacob
2. Michael
3. Joshua
4. Matthew
5. Andrew
6. Joseph
7. Nicholas
8. Anthony
9. Tyler
10. Daniel

Die beliebtesten Jungennamen in Spanien im Jahr 2000

1. Marc
2. David
3. Alex
4. Daniel
5. Jordi
6. Pau
7. Sergi
8. Arnau
9. Pol
10. Albert

Die beliebtesten Jungennamen in den Niederlanden im Jahr 2000

1. Thomas
2. Max
3. Tim
4. Daan
5. Lars
6. Nils
7. Nick
8. Tom
9. Rick
10. Kevin

Die beliebtesten Jungennamen in Schweden im Jahr 2000

1. Filip
2. Oskar
3. William
4. Viktor
5. Simon
6. Anton
7. Erik
8. Alexander
9. Emil
10. Lukas

Die beliebtesten Jungennamen in Frankreich im Jahr 2000

1. Lucas
2. Thomas
3. Hugo
4. Théo
5. Maxime
6. Quentin
7. Alexandre
8. Valentin
9. Antoine
10. Clément

Ob Lukas, Tim oder Max: Viele beliebte Vornamen sind heute in aller Welt in Gebrauch.

Egmund gebräuchliche Form von Agimund, von althochdeutsch egga = »Schwert, Schneide« und munt = »Schutz«, andere Formen: Egmont, Egmond

Egon Kurzform von Namen mit Egin-

Eibo friesische Kurzform von Namen mit Eg-

Eike friesisch-niederdeutsche Kurzform von Eckehard

Eilhard althochdeutsch, agil = »Schwert, Schneide« und hart = »hart, stark«, andere Formen: Eilert, Elard

Eilmar althochdeutsch, von agil = »Schwert, Schneide« und mari = »berühmt«

Einar von altisländisch einarr = »Einzelkämpfer«

Elek ungarischer Vorname, Bedeutung unsicher

Elgar Sonderform von Adalger, von althochdeutsch adal = »edel« und ger = »Speer«, auch: Elger

Elias biblischer Name, von hebräisch elijah = »Jahwe ist mein Gott«, andere Formen: Elia, Eli, Elis, Elie

Elieser biblischer Name = »Gott ist Hilfe«, auch: Eliezer

Eligius lateinisch, von eligius = »auserwählt« auch: Eloy

Elkmar Sonderform von Egilmar, von althochdeutsch = »berühmter Schwertkämpfer«

Elliot englische Sonderform von Elias, auch: Eliott

Elmar Kurzform von Adelmar, althochdeutsch von adal = »edel« und mari = »berühmt«, andere Formen: Elmo, Ellmar, Elmer

Eloff skandinavisch = »alleiniger Erbe«, andere Formen:
Elof, Eluf

Elton englisch, abgeleitet von einem Familiennamen
mit der vermuteten Bedeutung »Ellas Siedlung«

Elvis englisch, Herkunft und Bedeutung unbekannt

Emanuel hebräisch, von immanuel = »Gott mit uns«,
andere Formen: Immanuel, Emmanuel

Emil vom römischen Geschlechternamen Aemilius, von
lateinisch aemulus = »eifrig«,
andere Formen: Emilio, Emile,
Emilian, Emiliano, Emilien

Emin türkisch, von arabisch amin =
»Vertrauen, Zutrauen«

Emir türkisch, von arabisch amir =
»Befehlshaber, Fürst«

Emmeran latinisierte Form von Hei-
meran, andere Formen: Emmeram,
Emeram

Emmerich Sonderform von Amalrich, von althochdeutsch rihhi =
»reich«

Enders niederdeutsche Sonderform
von Andreas, auch: Endres

Endre ungarische Form von Andreas

Engelbert althochdeutsch, von beraht = »glänzend«

> *Die Silbe **Engel-** kommt wohl vom Stammesnamen der Angeln, die im Raum Schleswig siedelten und später zusammen mit den Sachsen England eroberten. Sie wurde später mit lateinisch angelus und althochdeutsch engil, ang(h)il = »Engel« verknüpft.*

Engelhard von althochdeutsch hart = »hart, stark«, auch: Engelhart

Engelmar von althochdeutsch mari = »berühmt«

Engin türkisch, von engin = »weit, endlos«, im Sinne von »unendliche Weite, offenes Meer«

Enno friesische Kurzform von Einhard

Enoch biblischer Name, hebräisch = »Eingeweihter«

Enrico italienische Form von Heinrich, auch: Enrique

Enzo italienische Sonderform von Enrico

Eoban griechisch, von eos = »Morgenröte, Osten« und baino = »gehen, schreiten«, auch: Eobanus

Ephraim englisch, wahrscheinlich hebräischer Ursprung, genaue Bedeutung ungeklärt, auch: Efrem, Efraim

Erasmus von griechisch erasmios = »liebenswürdig, erwünscht«, andere Formen: Erasmo, Erasme

Erfried althochdeutsch, von era = »Ehre, Auszeichnung« und fridu = »Friede, Schutz«, andere Formen: Ehrfried, Erenfried

*Die Bedeutung des Namens **Erdmann** ist nicht geklärt, es wird aber gesagt, dass »(er) in Nord- und Nordostdeutschland gern Knaben zugeteilt (wird), die auf ein verstorbenes Brüderchen folgten, um sie der Erde zu verhaften«.*

Erhan türkisch, von er = »Held, mutiger Kerl« und han = »Anführer, Oberhaupt«

Erhard althochdeutsch, von era = »Ehre, Auszeichnung« und hart = »hart, stark«, andere Formen:
Erhart, Ehrhart

Erich ursprünglich dänisch oder schwedisch, von althochdeutsch era = »Ehre« und altnordisch rikr =
»reich«

Erik dänische und schwedische Form von Erich, auch:
Eirik, Erk

Erim türkisch, vom ermek = »erreichen«

Erko Kurzform der heute nicht mehr gebräuchlichen
Namen mit Erken- (z.B. Erkenbert)

Erland skandinavisch, von althochdeutsch erl = »Edel-
mann, freier Mann« und nant = »kühn«, andere Formen: Erlandus, Arland

Ermin Kurzform von Erminfried

Ermo Kurzform von Namen mit Erm-

Ernst althochdeutsch, abgeleitet von ernust, ernest =
»Ernst, Eifer«, andere Formen: Ernesto, Ernest,
Erno

Erwin Kurzform von Eberwin, von althochdeutsch eber
= »Eber« und wini = »Freund«, auch: Irwin

Esra biblischer Name, von hebräisch ezerah = »Hilfe«,
auch: Ezra

Ethan englisch, Ableitung vom biblischen Namen Etan,
hebräisch = »der Beständige«

Etzel mittelhochdeutsche Form des gotischen Wortes
attila = »Väterchen«

Eugen von griechisch eugenios = »von guter Abstammung, wohlgeboren«, andere Formen: Eugene,
Eugenius, Eugenio

Evangelos neugriechisch, von griechisch euangelion =
»frohe Botschaft«

Ewald althochdeutsch, von ewa, eha = »Recht, Gesetz,
Gebot« und waltan = »walten, herrschen«

Eward althochdeutsch, von ewa = »Recht« und wart =
»Wächter, Hüter«

Ewert Kurzform von Everhard

F

Fabian vom römischen Geschlechternamen Fabius, von
lateinisch faba = »Bohne«, andere Formen: Fabius,
Fabio, Fabien

Fabricius vom römischen Geschlechternamen Fabricius,
von lateinisch faber = »Handwerker«, andere Formen:
Fabrizio, Fabricio

Faisal arabische Bezeichnung für einen Richter,
Königsname in Saudi Arabien

Falk althochdeutsch, von falco = »Falke«, andere
Formen: Falko, Falco

Falkmar althochdeutsch, von falco = »Falke« und mari
= »berühmt«

Fanurios neugriechisch, von griechisch phaenomein =
»erscheinen«

Farold althochdeutsch, von faran = »fahren, reisen«
und waltan = »herrschen«, auch: Farald

Fasold althochdeutsch, von fasto = »fest, sicher« und
waltan = »herrschen«

Fastrad althochdeutsch, von fasto = »fest, sicher« und
rat = »Rat(geber)«

Fatih türkisch, von fatih = »Eroberer«

Faustus von lateinisch faustus = »günstig, gesegnet«,
andere Formen: Faust, Fausto, Faustinus

Fedon neugriechisch, von griechisch phos = »Licht«

Fedor deutsche Form des russischen Namens Fjodor,
auch: Feodor

Felipe spanische Form von Philipp

Felix von lateinisch felix = »erfolgreich, glücklich«,
andere Formen: Felizius, Felice, Feliks, Félix

Felizian Sonderform von Felix

Felton englisch, von altnordisch fjall = »Hügel« und
altenglisch tun = »Dorf«

Fenton englisch, von altenglisch fenn = »Sumpf-,
Marschland« und tun = »Dorf«

Feodor deutsche Form von Fjodor, auch: Fedor

Ferdinand ursprünglich westgotischer Name, von germanisch frithu = »Friede, Schutz« und nantha = »kühn«, andere Formen: Fernando, Fernand, Fernandel, Fernandez

Ferenc ungarische Form von Franz

Fergal irisch, von lateinisch ferrarius = »Schmied« oder dem keltischen Wort für »tapfer«

Fergus englisch, von altirisch fer = »Mann« und keltisch gustus = »Wahl«

Fermin englisch, von lateinisch firmus = »stark«

Fermund Sonderform von Faramund, von althochdeutsch faran = »fahren, reisen« und munt = »Schutz«

Festus von lateinisch festus = »fröhlich, feierlich«

Fidel spanische Kurzform von Fidelius

Fidelius von lateinisch fidelis = »treu«, andere Formen: Fidelis, Fidelio

Fiete niederdeutsche Kurzform von Friedrich, auch: Fiedje, Fiede

Filibert althochdeutsch, von filu = »viel« und beraht = »glänzend«, andere Formen: Filiberto, Filbert, Fulbert

Filimon neugriechisch, von griechisch philein = »lieben, küssen«

Fingal schottisch, Sagenheld mit dem Namen »blonder Fremder« (= Wikinger)

Finlay englisch, von gälisch = »blonder Krieger«, auch:
Finley, Finn

Firmin lateinisch, von firmus = »fest, zuverlässig«,
andere Formen: Firminius, Firmus

Fjodor russische Form von Theodor,
auch: Feodor

Flavius vom römischen Geschlechternamen Flavius, von lateinisch
flavus = »hellblond«, auch: Flavio

Florens von lateinisch florens =
»blühend«, andere Formen:
Florenz, Florent, Florentius

Florian von lateinisch florianus =
»blühend«, der heilige Florian
(gest. um 304) ist Schutzpatron gegen Hochwasser
und Feuersbrunst

Floribert Neubildung aus Florianus und einem Namen
auf -bert

Flynn gälisch = »Sohn des Rothaarigen«

Focke friesisch-niederdeutsche Kurzform von Namen
mit Volk- oder Folk-, auch: Fokke

Fokion neugriechisch = »fürsorglich wie eine Robbe«,
von griechisch phoke = »Robbe«

Folke friesische Kurzform von Namen mit Folk-

Foma russische Form von Thomas

*Der russische Schrift-
steller **Fjodor** Dosto-
jewski (1821-81) hat
nicht nur seine Ro-
mane (»Krieg und
Frieden«) bei uns
bekannt gemacht,
sondern auch seinen
Vornamen.*

Forbes schottisch, von griechisch phorbe = »Futter«

Forrest amerikanisch, von englisch forest = »Wald«, ursprünglich Familienname, auch: Forest

Francis englische Form von Franz

Franco italienische Kurzform von Francesco

François französische Form von Franz

Franjo südslawische Kurzform von Franziskus

Frank-, Franko- erstes Element vieler Vornamen, ursprünglich zu althochdeutsch franco, dem Stammesnamen der Franken, später mit frank im Sinne von »frei« verbunden

Frank von althochdeutsch franco = »vom Stamme der Franken«, später auch »frei«, auch: Franko

Franz Kurzform von Franziskus = »kleiner Franzose«, verbreitet vor allem durch die Verehrung des heiligen Franz von Assisi, andere Formen: Ferenc, Francis, Frans

Franziskus vermutlich latinisiert zu italienisch Francesco = »kleiner Franzose«, einem Beinamen des Franz von Assisi

Franz-Josef Doppelname, besonders in Bayern und Österreich verbreitet

Franz-Xaver besonders in Bayern und Österreich beliebt, nach dem heiligen Franz Xaver (1506–1552), einem spanischen Jesuitenmissionar

Fred englisch, Kurzform von Namen mit -fred

Frido Kurzform von Fridolin und Friedrich, auch: Friedo

Fridolin Sonderform von Friedrich, von althochdeutsch fridu = »Friede, Schutz, Sicherheit«

Frieder Kurzform von Friedrich

Friedger althochdeutsch, von fridu = »Friede, Schutz, Sicherheit« und ger = »Speer«

Friedhelm althochdeutsch, von fridu = »Friede, Schutz, Sicherheit« und helm = »Helm, Schutz«

Friedolf althochdeutsch, von fridu = »Friede, Schutz, Sicherheit« und wolf = »Wolf«

Friedrich althochdeutsch, von fridu = »Friede, Schutz, Sicherheit« und rihhi = »reich, mächtig«, also »Friedensherrscher«, Name vieler deutscher Kaiser und Könige, andere Formen: Friederich, Frederick, Federico, Frederic, Frederico, Frederik, Fredrik, Fridericus

Friedensreich ist der selbstgewählte Vorname des österreichischen Malers und Grafikers Friedensreich Hundertwasser, eines Vertreters des Phantastischen Wiener Realismus. Er ist durch seine Entwürfe für ökologische, der Natur nachempfundene Gebäude bekannt geworden.

Frithjof von altnordisch fridhr = »Schutz« und thjofr = »Kämpfer«, auch: Fridtjof

Fritz Kurzform von Friedrich

Frodewin althochdeutsch, von fruot, frot = »klug,
weise« und wini = »Freund«

Fulko Kurzform von Namen mit Volk-

Fulvian von altlateinisch fulvus = »rotgelb, bräunlich«,
auch: Fulvio, Fulvius

G

Gábor ungarische Form von Gabriel

Gabriel biblischer Name, von hebräisch gabriel =
»göttlicher Mann, Mann Gottes«, Name eines Erz-
engels, andere Formen: Gabriele, Gabriello

Gaetano nach der Stadt Gaeta nordwestlich von Neapel
= »der Gaetaner«

Gaius römischer Vorname, wahrscheinlich von lateinisch gaudere = »sich freuen«

Gale englisch, von altfranzösisch gallant = »mutig,
höflich«

Gallus von lateinisch gallus = »Gallier«, auch: Gallo

Galvin von keltisch = »Spatz«

Gamal arabisch = »Schönheit«

García spanisch, Deutung ungewiss, vielleicht von
baskisch hartz = »Bär«

Gareth englisch, von walisisch gwaredd = »sanft,
gütig«

Garrit friesische Form von Gerhard

Garry amerikanisch, Bedeutung und Herkunft unsicher

Garvin von altenglisch gar = »Speer« und wine = »Freund«

Gaston französisch, Bedeutung nicht gesichert, vielleicht Herkunftsname (»aus der Gascogne«)

Gaudenz von lateinisch gaudere = »sich freuen«

Gavin englisch, keltischen Ursprungs, von Gawain, einem ritterlichen Helden der Artus-Sage

Gaynor irisch = »Sohn des hellen Mannes«

Gebhard althochdeutsch, von geba = »Gabe, Geschenk« und hart = »hart, stark«, auch: Gebhart

Geert niederländische Form von Gerd

Gene englische Kurzform von Eugene

Gennaro italienische Form von Januarius

Geoffrey englisch, Bedeutung nicht geklärt, vielleicht englische Form von Gottfried

Georg war über Jahrhunderte und in vielen Sprachen einer der beliebtesten Vornamen. Der heilige Georg (gest. um 304) ist berühmt geworden durch seinen Kampf mit dem Drachen und war Schutzpatron der Kreuzritter.

Georg von griechisch ge = »Erde« und ergasome = »bearbeiten«, andere Formen: George, Georges, Georgi(j), Georgios Gheorge, Giorgio, György

Gerald Sonderform von Gerwald, von althochdeutsch ger = »Speer« und waltan = »herrschen, walten«, andere Formen: Gerold, Giraldo, Géraud

Gerard englische und niederländische Form von Gerhard, auch: Gerardus

Gerbert althochdeutsch, von ger = »Speer« und beraht = »glänzend«, auch: Garbert

Gerd Kurzform von Gerhard, andere Formen: Gert, Gehrt

Gereon von griechisch geron = »alt, bejahrt«, auch: Gerion

Gerhard von althochdeutsch ger = »Speer« und hart = »hart, stark«, andere Formen: Gerhart, Gherardo, Gerardo

Gerko friesische Kurzform von Gerhard

Gerlach althochdeutsch, von ger = »Speer« und laikan = »sich in Waffen üben« oder lah = »Grenzzeichen«

German von lateinisch germanus = »Germane«, andere Formen: Germann, Germano, Germain, Germanus

Germar althochdeutsch, von ger = »Speer« und mari = »berühmt«

Gernot althochdeutsch, von ger = »Speer« und not = »Begierde«

Gero Kurzform von Namen mit Ger-

Gerolf althochdeutsch, von ger = »Speer« und wolf = »Wolf«, auch: Gerulf

Geronimo italienische Form von Hieronymus

Gerrit niederländische und friesische Form von Gerhard

Gerson hebräisch = »Fremdling«

Gerwig althochdeutsch, von ger = »Speer« und wig = »Kampf«

Gerwin althochdeutsch, von ger = »Speer« und wini = »Freund«

Gevaert niederländische Form von Gebhard

Géza ungarischer Vorname türkischen Ursprungs

Giacomo italienische Form von Jakob

Gideon Name eines biblischen Richters, hebräisch gideon = »Schneidender«

Gilbert ursprünglich französische Form von althochdeutsch Giselbert

Gildo friesische Kurzform von Gildebrecht

Gilles französische Form des griechischen Ägidius mit der Bedeutung »Schild des Zeus«

Gino italienische Sonderform von Luigi (Ludwig)

Giordano italienische Form von Jordanus

Giovanni italienische Form von Johannes

Viele wohlklingende italienische Vornamen sind inzwischen auch in Deutschland gebräuchlich. Männernamen mit G- sind in Italien sehr häufig und entsprechen meist unserem J-.

Giselbert althochdeutsch, von gisil = »junger Adeliger;
Kriegsgefangener« und beraht = »glänzend«

Giuliano italienische Form von Julian

Giulio italienische Form von Julius

Giuseppe italienische Form von Josef

Glauco italienisch, von glauco = »blaugrün, bläulich
schimmernd«

Glen von keltisch gleann = »enges Tal«, auch: Glenn

Godot Fantasiename, seit 1997 auch als Vorname zugelassen, Bedeutungen = »Erlösung, Schuld, Tod, Gott
oder Hoffnung«

Godwin niederdeutsch oder englisch für Gottwin, von
althochdeutsch, altsächsisch und
altenglisch god = »gott« und wini =
»Freund«

*Bei **Golo** Mann
(1909–1994), dem
bekannten Historiker
und Schriftsteller,
wird der Name von
Gottfried Angelus,
seinen eigentlichen
Vornamen, abge-
leitet.*

Golo Kurzform von Namen mit God-
oder Gott-

Goran serbokroatische Kurzform
von Grigor

Göran schwedische Form von Georg

Gordon englisch, vom gleichlautenden schottischen Familiennamen,
weitere Deutung nicht bekannt

Gottfried althochdeutsch, von god = »Gott« und fridu =
»Friede«

Gottlieb Sonderform von lateinisch Amadeus oder
griechisch deochar = »Gott ist wohlgesonnen« oder
Umgestaltung des älteren Namens Gottleib

Götz Kurzform von Namen mit Gott-

Graham englisch, vom gleichlautenden Familiennamen

Gratianus von lateinisch gratia = »Gunst, Anmut«,
andere Formen: Grazian, Graziano, Graciano

Gregor von griechisch gregorein = »wachsam sein (in
Erwartung Gottes)«. Name von 13 Päpsten und neun
Heiligen, andere Formen: Gregorios, Gregorius,
Gregory, Grigori

Grischa russisch, Sonderform von Grigori

Guido romanische Form von Wido

Gundolf althochdeutsch, von gund = »Kampf« und wolf
= »Wolf«

Gunnar skandinavische Form von Günter

Günter von althochdeutsch gund = »Kampf« und heri =
»Heer«, auch: Günther

Gunther ältere Form von Günther, auch: Gunter

Guntram althochdeutsch, von gund = »Kampf« und ram
= »Rabe«

Gustav ursprünglich schwedisch, von altnordisch gudhr
= »Kampf« und staf = »Stab«, also »Stütze im
Kampf«, andere Formen: Gustaf, Gustavus, Gustave,
Gustavo

Rechtliche Bestimmungen
zur Namenswahl

Nach deutschem Gesetz ist jede Geburt innerhalb einer Woche dem zuständigen Standesbeamten zu melden. Bei dieser Gelegenheit muss dem Kind auch ein verbindlicher Name gegeben werden. Die Regeln für die Namensgebung sind in allen deutschsprachigen Ländern fast gleich. Der Vorname ist ebenso wie der Familienname eine bindende rechtliche Festlegung und darf nicht willkürlich verändert werden.

Gesetzliche Einschränkungen

Für die Wahl des Vornamens gibt es Einschränkungen. Generell gilt, dass Vornamen als solche eindeutig erkennbar sein müssen. Bezeichnungen, die ihrem Wesen nach keine Vornamen sind, dürfen also nicht gewählt werden. Diese Bestimmung sorgt häufig für Auseinandersetzungen.

Probleme verursachen manchmal Namen aus fremden Kulturen. Wenn der Namensgeber jedoch nachweist, dass der Name gebräuchlich ist, wird er meist zugelassen.

In Fällen, in denen das Geschlecht nicht eindeutig aus den Namen hervorgeht, wie es bei einigen geschlechtsneutralen Namen gegeben ist (wie Kai) muss ein zweiter eindeutiger Vorname angehängt werden (also z. B. Kai Ulrich).

Der Gesetzgeber und der gute Geschmack verbieten es auch, dem Kind einen verunglimpfenden oder lächerlichen Namen zu geben, wie Dickerchen oder Herzblatt. Geografische Bezeichnungen wie Orinoko sind ebenfalls in der Regel tabu. Zum Wohl des Kindes sind auch negativ behaftete biblische Namen wie Judas, Kain und Satan nicht als Vornamen erlaubt. Maria ist dagegen als zweiter Name bei Jungen zugelassen. Jesus und Christus sind in Deutschland, im Gegensatz zu einigen romanischen Ländern, als Vorname nicht erlaubt.

Kosenamen wie Michi oder Rolli werden in der Regel ebenfalls nicht eingetragen. Eindeutig verboten ist der Gebrauch von Produkt- oder Firmennamen wie Opel oder Microsoft. Keine Regel ohne Ausnahme: So wurden Sunil und Persil in jüngster Zeit erlaubt.

Regeln zur Schreibweise

Die Schreibweise der Namen richtet sich nach der Rechtschreibung. Bei zahlreichen Vornamen lässt diese allerdings mehrere Möglichkeiten zu. So kann Corbinian auch mit K, Eberhard mit t, aber nicht mit th geschrieben werden. Abweichungen gibt es zudem bei den biblischen Vornamen oder bei Namen, die aus dem Griechischen übernommen wurden, wie Rafael (Raphael).

Nicht eingetragen werden von den Standesbeamten Namen in offensichtlich falscher Schreibweise.

Bei der Schreibweise des Namens sollten Eltern daran denken, dass es für ihre Kinder von Vorteil ist, wenn ein Name so einfach wie möglich geschrieben wird. Manch ein Erwachsener weiß ein Lied davon zu singen, wie lästig es ist, den eigenen Vornamen immer wieder buchstabieren zu müssen. Und ein falsch geschriebener Name ist einfach ärgerlich.

Rat und Entscheidung in Zweifelsfällen

Wer entscheidet nun in Zweifelsfällen, ob ein Name zugelassen werden kann? Dafür gibt es in Deutschland zwei Stellen: Zum einen die Gesellschaft für deutsche Sprache e.V. in Wiesbaden, zum anderen Gabriele Rodriguez von der Universität Leipzig. Die Adressen finden Sie auf Seite 138. Hier werden auch rechtlich anerkannte Gutachten erstellt.

Die Standesämter allein sind bei vielen Entscheidungen vollkommen überfordert. Es gibt keine repräsentative Vornamensstatistik, und die Standesbeamten kommen bei Namen in Schwierigkeiten, die nicht im Internationalen Handbuch der Vornamen veröffentlicht sind. Dieses wichtige Buch allerdings wird schon seit Jahren nicht mehr aktualisiert.

Immer mehr Eltern wählen eine ausgefallene Neuschöpfung für ihr Kind. Am besten wenden sich Mütter und Väter, die einen besonderen Namen wünschen und nicht wissen, ob er zulässig ist, an eine der oben genannten Stellen, um die Zulässigkeit prüfen zu lassen.

Bevor am Taufbecken der Name des neuen Erdenbürgers genannt wird, sind auch rechtliche Bestimmungen zu bedenken.

Gyula ungarischer Vorname, ursprünglich Bezeichnung für einen militärischen Würdenträger

H

Haakon norwegisch, von altnordisch hag = »gewandt, nützlich«, auch: Hakon

Habib arabisch = »Geliebter«

Hadbert althochdeutsch, von hadu = »Kampf, Streit« und beraht = »glänzend«

Hademar althochdeutsch, von hadu = »Kampf, Streit« und mari = »berühmt«, auch: Hadu-mar

*Bekannt wurde die Gestalt des **Hagen** von Tronje im Nibelungenlied. Er gab mit seinem Mord an Siegfried den Anlass für den späteren Untergang der Nibelungen.*

Hadwin althochdeutsch, von hadu = »Kampf, Streit« und wini = »Freund«

Hagen Kurzform zu älteren Vornamen wie Haganrich, althochdeutsch »Herrscher in der Einhegung (Gerichtsstätte)«

Hajo Kurzform von Hans-Joachim

Hakan türkisch = »Herrscher, Souverän, Landesfürst«

Haldan norwegisch, von altnordisch halfdan = »halber Däne«

Haldor skandinavisch, vom Götternamen Thor, auch:
Halldor

Hale englisch, von altenglisch hal = »gesund, kräftig«

Halil hebräisch = »Flöte«

Halvard skandinavisch, von altnordisch vardhi =
»Wächter, Hüter«, andere Formen: Halvar, Halvor

Hamal arabisch = »Lamm«

Hamit türkisch, von arabisch = »lobenswert, dankens-
wert«

Hank amerikanische Sonderform von Henry

Hannes Kurzform von Johannes, auch: Hanno

Hannibal englisch, von phönizisch hann-i-baal =
»Günstling des (Gottes) Baal«, Name eines kartha-
gischen Feldherrn, auch: Annibale

Hanno Kurzform von Johannes

Hans Kurzform von Johannes, früher häufigster
deutscher Vorname, beliebt zur Bildung von Doppelnamen, auch: Hanns

Hansdieter Doppelname aus Hans und Dieter

Hansheinz Doppelname aus Hans und Heinz

Hansjoachim Doppelname aus Hans und Joachim

Hansjochen Doppelname aus Hans und Jochen

Hansjörg Doppelname aus Hans und Jörg

Hansjürgen Doppelname aus Hans und Jürgen

Hanspeter Doppelname aus Hans und Peter

Hanswerner Doppelname aus Hans und Werner

Harald skandinavisch, entspricht dem deutschen Herwald, von althochdeutsch heri = »Heer, Schar, Menge« und waltan = »herrschen, walten«, Name zahlreicher Könige in Dänemark und Norwegen, auch: Harold

Harbert niederdeutsch-friesische Sonderform von Herbert

Hardi Sonderform von Namen auf -hard, auch: Hardy

Hariolf althochdeutsch, von heri = »Heer« und wolf = »Wolf«, auch: Herolf

Hark friesische Kurzform von Namen mit Har-, auch: Harko, Harke

Harm friesische Sonderform von Hermann

Harrison englisch, ursprünglich Familienname mit der Bedeutung »Sohn von Harry«

Harry englische Sonderform von Harold oder Henry

Hartger althochdeutsch, von ger = »Speer« und hart = »hart, stark«, Kehrform von Gerhart

Hartlieb althochdeutsch, von hart = »hart, stark« und leib = »Erbe, Nachkomme«

Hartmut althochdeutsch, von hart = »hart, stark« und muot = »Mut, Gesinnung«

Hartwig althochdeutsch, von hart = »hart, stark« und wig = »Kampf«, auch: Hertwig

Harvey englisch, aus dem Bretonischen, Bedeutung
unbekannt

Hassan arabisch = »schön«, auch: Hasan

Hasso althochdeutsch, von hasso = »Hesse«

Hauk niederdeutsch-friesische Sonderform von Namen
mit Hauk-, auch: Hauke

Hayden amerikanisch, in den 90er Jahren gebräuchlich, von altenglisch hieg = »Heu«, auch: Haydon

Heider Sonderform von Heidreich, von althochdeutsch
heit = »Art, Wesen« und rihhi = »mächtig, reich«

Heiko niederdeutsch-friesische
Kurzform von Heinrich

Heilmar von althochdeutsch heil =
»heil, gesund, vollkommen« und
mari = »berühmt«

Heimo Kurzform von Namen mit
Heim-

Heimrad althochdeutsch, von rat =
»Rat(geber)«

Hein niederdeutsche Sonderform
von Heinrich

Heiner Sonderform von Heinrich,
auch: Heinar

Heinrich Weiterentwicklung von Heimerich, von althochdeutsch heimingi = »Heimat, Wohnstätte« und

*Die Vorsilbe **Heim-**
kommt von althoch-
deutsch heimingi =
»Heimat, Wohnstät-
te« oder heime = »zu
Hause, bei sich,
daheim«. Die mit
Heim- beginnenden
Namen sind sehr sel-
ten, obwohl sie gut
klingen.*

rihhi = »mächtig, reich«, Name deutscher Kaiser, Könige und Fürsten, andere Formen: Hinrich, Enrico, Henrik, Hendrik

Heinz Sonderform von Heinrich

Hektor nach dem gleichnamigen trojanischen Helden der griechischen Mythologie, vielleicht von griechisch ektor = »festhaltend«, andere Formen: Hector, Heitor, Ettore

Helaku indianisch = »sonniger Tag«

Helge skandinavisch, bedeutet »der Heilige«, auch: Helgo

Helmar althochdeutsch, von helm = »Helm, Schutz« und mari = »berühmt«, auch: Helmer

Helmut Sonderform von Heilmut, von althochdeutsch heil = »heil, gesund, vollkommen« und muot = »Mut, Gesinnung«, andere Formen: Helmuth, Hellmut, Hellmuth

Helwig Sonderform von Heilwig, von althochdeutsch heil = »heil, gesund, vollkommen« und wig = »Kampf«

Henning niederdeutsche Sonderform von Johannes, auch: Hennig

Henny sowohl weiblicher als auch männlicher Vorname, Schreibvariante zu Henni(e), vermutlich auch Koseform zu Henrik oder Johannes. Namensträger: Hans

Henny Jahnn (1894–1959), deutscher Schriftsteller (»Fluss ohne Ufer«) und Orgelbauer; Henny Porten (1890–1960), deutsche Schauspielerin

Henri französische Kurzform von Heinrich und niederdeutsche Form von Henrik

Henrik skandinavische und ungarische Form von Heinrich, auch: Himrik

Henry englische Form von Heinrich

Herbert althochdeutsch, von her = »Heer, Menge, Schar« und beraht = »glänzend«, auch: Heribert

Herfried althochdeutsch, von her = »Heer, Menge, Schar« und fridu = »Schutz, Friede«

Herger althochdeutsch, von her = »Heer, Menge, Schar« und ger = »Speer«

Herko niederdeutsch-friesische Kurzform von Namen mit Her-, auch: Herke

Hermann althochdeutsch, von her = »Heer, Menge, Schar« und man = »Mann«, andere Formen: Herman, Herrmann, Hernando

Hermo Kurzform von Hermann

Herold Sonderform von Herwald, von althochdeutsch her = »Heer, Menge, Schar« und waltan = »herrschen, walten«

__Herkules__ ist in der griechischen Sage ein Sohn des Zeus und vollbringt dank seiner übermenschlichen Kräfte zahlreiche Heldentaten.

Herolf althochdeutsch, von her = »Heer, Menge, Schar« und wolf = »Wolf«, andere Formen: Herlof, Herluf

Herschel jüdischer Vorname, Sonderform von Hirsch

Herwig althochdeutsch, von her = »Heer, Menge, Schar« und wig = »Kampf«

Hilarius lateinisch, von hilaris = »heiter, froh«, andere Formen: Hilario, Hilair, Hilar

Hieronymus ist griechisch und heißt »der mit einem heiligen Namen«. Der heilige Hieronymus (um 347–419/20) war ein lateinischer Kirchenlehrer. Bekannt ist auch der niederländische Maler Hieronymus Bosch.

Hilger Sonderform von Hildeger, althochdeutsch von hiltia = »Kampf« und ger = »Speer«

Hilmar Sonderform von Hildemar, althochdeutsch von hiltia = »Kampf« und mari = »berühmt«

Hiob biblischer Name nach einer Gestalt des Alten Testaments, Bedeutung unsicher, vielleicht »der Verfolgte«

Hiram englisch, nach einem biblischen Namen für den phönizischen König von Tyrus mit der Bedeutung »mein Bruder ist erhaben«

Ho chinesisch = »gut«

Hoimar friesische Form von Hugmar, von althochdeutsch hugu = »Geist, Sinn, Gesinnung« und mari = »berühmt«

Holden englisch, von altenglisch hol = »Tal« und denn
= »sicherer Platz« oder halden = »einer, der Wache
hält«

Holger von altnordisch holmr =
»Insel« und geirr = »Speer«

Holm skandinavisch, von altnordisch holmr = »Insel(bewoh-
ner)«

*Der griechische Dichter **Homer** lebte im 8. Jahrhundert v. Chr. und verfasste die Versepen »Ilias« und »Odyssee«.*

Horst wahrscheinlich Kurzform von
Horstmar oder Horstwin, mit der
Bedeutung = »berühmt im Wald« oder »Wald-
freund«

Hosea biblischer Name, hebräisch = »Gott hilft«, einer
der Propheten des Alten Testaments

Howard englisch, nach einem gleichlautenden
Familiennamen

Hubert Kurzform von Hugbert, von althochdeutsch
hugu = »Geist, Sinn, Gesinnung« und beraht =
»glänzend«, andere Formen: Hubertus, Haubert

Hugo Kurzform von Namen mit Hug-, von althochdeutsch hugu = »Geist, Sinn, Gesinnung«, auch:
Hugh, Hughues, Ugo

Humbert von althochdeutsch beraht = »glänzend«,
Deutung des ersten Namensteils unsicher

Hussein arabisch = »kleiner Schöner«

I

Ian englisch, gälische Form von Johannes

Iannis griechisch, Kurzform von Ioannis

Ibrahim arabische Form von Abraham

Ignaz von lateinisch ignis = »Feuer«, andere Formen: Ignatius, Ignacio

Igor russische Form von Ingvar

Ilija slawische Form von Elias, auch: Ilja, Illie

Immanuel Sonderform von Emanuel

Imre ungarische Form von Emmerich

Ingemar schwedische Form von Ingomar, von althochdeutsch mari = »berühmt«, auch: Ingmar

Ingo Kurzform von Namen mit Ing-

Ingolf althochdeutsch, von wolf = »Wolf«

Ingvar skandinavisch, von altnordisch varr = »Wächter, Hüter«, auch: Ingward

*Die Vorsilbe **Ing**- ist schwierig zu deuten. Bei den deutschen Namen bezieht sie sich auf den Kultverband der Ingwäonen, die ihrerseits nach einer Gottheit Ing oder Ingwi(o) benannt sind. Bei den skandinavischen Namen bezieht sich Ing- direkt auf diese Gottheit.*

Innozenz lateinisch, von innocentia = »Unschuld, Unbescholtenheit«, Name von zwölf Päpsten

Ira englisch, von hebräisch = »wachsam«

Irenäus latinisiert zu griechisch eirenaios = »der Fried-
fertige«

Irmfried althochdeutsch, von irmin = »allumfassend,
mächtig« und fridu = »Schutz, Friede«, auch:
Irmenfried

Irmo Kurzform von Namen mit Irm-

Irving englisch, von altenglisch Irwyn (= Eberwein),
von eofor = »Eber« und wine = »Freund«, auch: Irvine

Isaak biblischer Name, von hebräisch jischak = »das
Lachen (Gottes)«, nach dem zweiten Stammvater des
Volkes Israel, auch: Isaac

Isbert althochdeutsch, von isan =
»Eisen« und beraht = »glänzend«,
auch: Isenbert

Isger althochdeutsch, von isan =
»Eisen« und ger = »Speer«, auch:
Isenger

Isidor von griechisch isos =
»gleich(wertig)« doros =
»Geschenk«, andere Formen: Isi-
dore, Isidoro, Isidro

Ismar Boas
(1858–1938) war ein
deutscher Arzt, der
1886 in Berlin die
erste Poliklinik für
Magen- und Darm-
krankheiten
gründete.

Ismael biblischer Name, hebräisch = »Gott hört«, nach
dem Sohn Abrahams mit seiner Magd Hagar, Stammvater von zwölf arabischen Stämmen, auch: Ishmael,
Ismail

Ismar althochdeutsch, von isan = »Eisen« und mari = »berühmt«

Israel englisch, hebräisch = »möge Gott schützen«

István ungarische Form von Stephan

Italo italienisch = »der Italiener«

Ivar skandinavische Kurzform von Ingvar

Ivo vielleicht von althochdeutsch iwa = »Eibe«, auch: serbokroatische Form von Johannes

Ivor von lateinisch ebur = »Elfenbein«

Iwan russische Form von Johannes, auch: Ivan

J

Jack englisch, Sonderform von John, auch: Jake

Jago nach der Figur des Jago in Shakespeares »Othello«

Jaime spanische Form von Jakob

Jakob biblischer Name, von hebräisch hakeb = »Ferse«, übertragen = »der Fersenhalter«, der jüngste der drei Stammväter des Volkes Israel, andere Formen: Jacobus, Jakobus, Jacques, Jakub, Jakow, Giacomo

*Im Alten Testament verdrängte **Jakob** seinen Bruder Esau vom Segen der Erstgeburt, weil er Esaus Ferse festhielt, bevor die Zwillinge zur Welt kamen.*

Jalal arabisch = »Ruhm, Größe«

Jamal arabisch = »schön«

James englische Form von Jakob, entstanden über die spätlateinische Nebenform Jacomus, im Altfranzösischen gekürzt zu James, Name englischer Könige

Jan niederdeutsch-friesische und niederländische Kurzform von Johannes, in Norddeutschland seit langem ein beliebter selbstständiger Vorname

Janek polnische Sonderform von Jan

Janis lettische Form von Johannes

János ungarische Form von Johannes

Jared englisch, von hebräisch jared = »herabsteigend«, Name einer biblischen Gestalt, auch: Jarred

Jaromir slawisch, von russisch jari = »heftig, mutig« und mir = »Friede«

Jaroslaw slawisch, von russisch jari = »heftig, mutig« slava = »Ruhm«

Jason englisch, Name einer griechischen Sagengestalt, raubte mit den Argonauten das Goldene Vlies aus Kolchis

Jasper friesische und englische Form von Kaspar

Jean französische Form von Johannes

Jed Kurzform von Jedidiah oder von arabisch yed = »Hand«

Jedidiah amerikanisch, biblischer Name, hebräisch = »Liebling des Herrn«, Beiname König Salomos

Jehudi hebräisch = »der aus Judäa«, auch: Yehudi

Jendrik tschechische Sonderform von Heinrich

Jens dänische Form von Johannes

Jephta hebräisch = »er (Gott) öffnete, entließ«, einer der Kleinen Richter des Alten Testaments, auch: Jefta, Jephtah

Jeremias hebräisch, von jirmejahu = »Jahwe erhöht«, einer der vier großen Propheten des Alten Testaments, andere Formen: Jeremia, Jeremy

Jerome englische Form von Hieronymus, auch: Jeronimo

Jerrit friesische Form von Gerhard

Jesse englisch, von hebräisch isch-jahweh = »Mann Jahwes«, Name des Vaters von David

*Der Name **Jesus** wird in Deutschland als Vorname nicht verwendet, in romanischen Ländern wie Spanien ist er jedoch durchaus verbreitet.*

Jethro englisch, hebräisch = »Überfluss«

Jewgeni russische Form von Eugen, auch: Jewgenij

Jindrich tschechische Form von Heinrich

Jiri tschechische Form von Georg

Joachim biblischer Name, von hebräisch jehojakim = »Jahwe wird aufrichten«, Vater Marias, andere Formen: Joakim, Joaquim

Jochen Kurzform von Joachim, andere Formen: Jochem

Joel hebräisch joel = »Jahwe ist Gott«, einer der Kleinen Propheten des Alten Testaments

Johannes latinisiert von hebräisch johanan = »Jahwe ist gnädig«, biblischer Name (u. a. Johannes der Täufer), andere Formen: Johann, Johanno, Ioannis

John englische und niederdeutsche Kurzform von Johannes

Jonah biblischer Name, von hebräisch jonah = »Taube«, im Alten Testament einer der zwölf Kleinen Propheten, auch: Jonas

Jonathan von hebräisch jonathan = »Jahwe hat gegeben«

Jordan englisch, nach dem gleichnamigen Fluss, hebräisch = »Herabfließender«

Jörg Sonderform von Georg

Joris niederländische Kurzform von Gregorius, auch: Jooris

Jörn niederdeutsche Kurzform von Jürgen

Joschka ungarische Sonderform von Josef

Josef biblischer Name, hebräisch = »Gott möge hinzufügen«, im Neuen Testament Ehemann von Maria, andere Formen: Joseph, Giuseppe, Josip, Jussuf

Joshua englische Form von Josua

Josias hebräisch, von joschijahu = »Jahwe heilt«

Josua biblischer Name, von hebräisch jehoschua = »Jahwe hilft«, im Alten Testament der Nachfolger des Mose als Führer der Israeliten

Juan spanische Form von Johannes

Julian Sonderform von Julianus und Julius, auch: Julien

Julius Vorname, der sich vom römischen Geschlechternamen der Julier ableitet, aus dem auch Julius Cäsar
stammte

Jurek polnische Sonderform von Jerzy

Jürgen niederdeutsche Sonderform von Georg

Justin Sonderform von Justinus und Justus

Justus lateinisch, von iustus = »gerecht«, auch:
Justinius

K

Kadri türkisch, von kadir, kadri = »Stärke, Macht«

Kai vermutlich keltischen Ursprungs, Bedeutung ungeklärt, auch: Kay

Kajetan lateinisch, von cajenus = »der Mann aus der
Stadt Gaeta«

Kalani polynesisch = »die Himmel«

Kamal indisch, von Sanskrit = »blassrot«

Kamil arabisch = »vollendet«

Karel niederländische und tschechische Form von Karl

Karim arabisch = »edel, großzügig«

Karl althochdeutsch, von charal = »tüchtiger, freier
Mann, Ehemann«, auch: Carl

Karlheinz Doppelname aus Karl und Heinz, auch:
Karl-Heinz

Karol polnische Form von Karl

Karsten niederdeutsche Form von
Christian, auch: Carsten

Kasimir von polnisch kasimierz =
»Friedensverkünder, -stifter«,
auch: Casimir

Kaspar ursprünglich persisch =
»Schatzmeister«, einer der Heili-
gen drei Könige, auch: Caspar,
Gasparo

Keanu indianisch = »frischer Wind«

Keith englisch, von Orts- und Familiennamen = »Wald«

Kelvin englisch, von einem schottischen Flussnamen
oder von mittelenglisch kele = »Kiel« und wine =
»Freund«

Kemâl türkisch = »Vollendung, Vollkommenheit«

Ken Kurzform von Namen mit Ken-

Kendal englisch, von altenglisch cyn = »Herrscher«
und dael = »Tal«

Kenneth englisch, von keltisch = »tüchtig, flink,
hübsch«

Keno friesische Form von Kunibert und Kuno, auch:
Kenno

*Viele berühmte Deut-
sche trugen den
Namen **Karl**. So zum
Beispiel Kaiser Karl
der Große (742–814)
oder der Philosoph
und Gesellschafts-
theoretiker Karl Marx
(1818–1883), Begrün-
der des wissenschaft-
lichen Sozialismus.*

Kerim türkisch, arabisch alla kerim = »der Großmütige«

Kersten niederdeutsche Form von Christian

Kevin irisch = »hübsch, anmutig von Geburt«

Kieran irisch, von ciaran = »dunkelhaarig«

Kilian schottisch-irisch, von keltisch für »der Mann aus der (Mönchs-)Zelle«, Patron der Winzer

Kiriakos griechisch = »das Sonntagskind«

Kirk englisch, von skandinavisch kirke = »Kirche«

Kiyoshi japanisch = »ruhig«

Klaus Sonderform von Nikolaus, auch: Claus

Klemens von lateinisch clemens = »mild, gelinde von Charakter und Benehmen«, andere Formen: Clemens, Klement, Klemenz, Clement, Clemente

Knut von althochdeutsch chnuz = »freimütig« oder von nordisch kint = »von gutem Geschlecht«

Kolja russische Kurzform von Nikolai, zu Zeiten der DDR Spitzname für die im Land stationierten sowjetischen Soldaten

Konrad von althochdeutsch kuoni = »kühn, tapfer« und rat = »Rat, Beratung«, andere Formen: Conrad, Conrado, Konradin, Kondrat

Konstantin lateinisch, von constantinus = »der Standhafte«, andere Formen: Constantin, Constantinus

Korbinian vom keltischen Wort für »Streitwagenfahrer«, auch: Corbinian

Kosta südslawische Kurzform von Konstantin
Kuno Kurzform von Konrad
Kurt Kurzform von Konrad, auch: Curt, Curd

L

Ladislaus slawisch, latinisierte Form von Wladislaw
Lajos ungarische Form von Ludwig
Lambert althochdeutsch, von lant = »Land, Heimat«
und beraht = »glänzend«, andere Formen: Lampert,
Lambrecht, Lamberto
Lâmi türkisch, von arabisch lami = »der Glänzende«
Lance Kurzform von Lancelot
Lancelot Herkunft und Bedeutung unklar, ein Ritter
aus der sagenhaften Tafelrunde des Königs Artus
Lando Kurzform von Namen mit Lam- und Land-
Landolf althochdeutsch, von lant = »Land, Heimat«
und wolf = »Wolf«, auch: Landulf
Lars schwedische Kurzform von Laurentius
László ungarische Form von Ladislaus, auch: Laslo
Lâtif türkisch = »der Gnädige«
Laurenz von lateinisch laurentius = »der aus der Stadt
Laurentium Stammende« oder von laurus = »Lobeer«,
andere Formen: Laurentius, Laurens, Laurence,
Lawrence, Laurent

Vornamen im Wandel der Zeit

Namen dienen dazu, Personen im Gespräch eindeutig von anderen zu unterscheiden. Unsere Vorfahren lebten in kleinen Verbänden zusammen, das Land war dünn besiedelt. Da genügte ein einziger Name für jede Person, denn Verwechslungen waren so gut wie ausgeschlossen.

Die ersten germanischen Namen waren einstämmig, z.B. Ernst und Berta. Erst im Laufe der Zeit setzten sich zweistämmige Namen durch, wie Adalbert (»von edler Abstammung«). Die Einheit von Name und Bedeutung ging jedoch bald verloren. Zunächst erhielten Kinder einen Teil des Namens beider Eltern, dann ging man dazu über, die Namen der Kinder beliebig zusammenzusetzen. Für die Zeit zwischen etwa 750 und 1080 lassen Urkunden bereits auf etwa tausend allgemein gebräuchliche Vornamen schließen.

Beinamen

Bis zum 12. Jahrhundert kannte man nur einen einzigen Namen zur Identifikation eines Individuums, und es hat sich in der Namenskunde eingebürgert, diesen Namen als Rufnamen zu bezeichnen. Er wurde den Kindern bei oder kurz nach der Taufe verliehen. Das Bevölkerungswachstum führte dann zur Einführung von Beinamen.

Diese Beinamen waren zunächst keine Nach- oder Familiennamen im heutigen Sinne, sondern dienten zur Unterscheidung
von Menschen mit gleichen Rufnamen. Zur allmählichen Aus-
bildung der Familiennamen kam es erst im Verlauf des Spät-
mittelalters, und von diesem Zeitpunkt an kann man auch
von Vornamen sprechen. Bei den Beinamen griff man
zunächst auf Berufsbezeichnungen zurück, von denen sich
viele, wie Müller, bis heute erhalten haben.

Durch die Wanderungsbewegungen und den Handel drangen
zu dieser Zeit die ersten Vornamen aus fremden Sprachberei-
chen ein. Andere Vornamen wurden der Bibel entnommen, wie
etwa Johannes.

Der kirchliche Einfluss

Im 13. Jahrhundert begann man, jedem Kind einen Heiligen
als Namenspatron zur Seite zu stellen. Dadurch wurden auch
Namen griechischen, römischen und hebräischen Ursprungs
weit verbreitet.

Im Mittelalter waren fremde Namen nichtkirchlicher Herkunft
fast ausschließlich Frauennamen. Sie kamen meist durch die
Heirat von Adligen mit den Töchtern ausländischer Herrscher-
häuser zu uns und fanden so ihren Weg in den allgemeinen
Sprachgebrauch. Die Namen von Herrschern spielten im Übri-
gen zu allen Zeiten eine große Rolle bei der Namensgebung
und verbreiteten sich rasch vom Adel in breitere Schichten.

Doppelnamen und Neuschöpfungen

Im 16. Jahrhundert verstärkte der Humanismus die Neigung zu griechischen und römischen Namen. Außerdem wurden alte deutsche Namen, die fast schon vergessen schienen, neu belebt. Von dieser Zeit an wurde es auch üblich, Kindern mehrere Namen zu geben, aber nur einen Rufnamen. So war es möglich, das Kind mit den Namen der Eltern, der Großeltern oder der Taufpaten auf den Lebensweg zu schicken. Die Sitte der Doppelnamen hat sich bis heute erhalten.

In der Zeit des Pietismus (17./18. Jahrhundert) drückte sich das fromme Lebensgefühl in der Neubildung von Vornamen wie Gottlieb oder Traugott aus. Gleichzeitig gewannen durch den Einfluss der Literatur immer mehr fremde Namen im deutschen Sprachraum an Bedeutung.

Im 19. Jahrhundert wurden durch die romantische Literatur sehr viele alte deutsche Namen neu belebt.

Die Internationalisierung

Seit Beginn des 20. Jahrhunderts sind die Massenmedien – Zeitung, Film, Fernsehen – eine Quelle für ausländische Vornamen, die sich auch bei uns durchsetzen. Außerdem bringen Zuwanderer »ihre« Vornamen mit und tragen zu deren Verbreitung bei. So haben wir heute einen internationalen Bestand an Vornamen, der sich ständig erweitert.

Ein echter Frauenschwarm: Leon Moreno (gespielt von Daniel Felow) aus der TV-Serie »Gute Zeiten, schlechte Zeiten«.

Laurids dänische Kurzform von Laurentius, auch: Lauritz, Laurits

Laurin vermutlich von lateinisch laurinus = »mit Lorbeer bekränzt«, Zwergenkönig in der Dietrichsage

Leander von griechisch laos = »Leute, Volk« und andros = »Mann«, auch: Leandros, Leandro

Leif norwegisch, von althochdeutsch leiba = »Erbschaft, Erbe«

Lelio italienisch, vom römischen Geschlechternamen Laelius, Bedeutung unbekannt

Lennart schwedische Sonderform von Leonhard, auch: Lennard

Lenz bayerische und österreichische Kurzform von Leonhard und Lorenz

Leo von lateinisch leo = »Löwe«, Sinnbild des Evangelisten Markus, des Patrons von Venedig, Name von 13 Päpsten, auch: Leon, Lion

Lazarus ist als Name nur noch in den romanischen Ländern verbreitet und kommt von hebräisch el-hazar = »Gott hat geholfen«. Lazarus wurde durch Jesus von den Toten auferweckt.

Leonhard von lateinisch leo = »Löwe« und althochdeutsch hart = »stark«, also »stark wie ein Löwe«, andere Formen: Lehnhard, Leonard, Lienhard, Leonardo, Lenardo

Leonid russische Form von Leonidas

Leonidas neugriechisch, von griechisch leon = »der Löwengleiche«, auch: Leontius

Leopold althochdeutsch, von liut = »Volk« und bald = »kühn«, andere Formen: Luitpold, Leopoldo

Lester englisch, vom Ortsnamen Leicester

Leszek polnische Sonderform von Alexander

Levent türkisch = »der Großgewachsene und Gutaussehende«

Levi von hebräisch levi = »anhänglich, dem Bund zugetan«, biblischer Name, dritter Sohn Jakobs und Stammvater der Leviten

*Der aus Bayern stammende amerikanische Schneider **Levi** Strauss entwarf Mitte des 19. Jahrhunderts strapazierfähige Arbeitshosen, deren Nähte er durch Nieten verstärkte. Daraus entwickelten sich die Jeans.*

Levin niederdeutsche Form von Liebwein, auch: Leewin

Lew russische und polnische Form von Leo

Lewis englische Form von Ludwig

Lex Kurzform von Alexander

Liam irische Kurzform von William

Linus englisch, von griechisch linos = »Klagelied«, auch: Lino

Lion Bedeutung ungeklärt, vermutlich Sonderform von Leon, auch: Lionel

Livius römisch, von lateinisch livius = »aus dem Geschlecht der Livier«

Ljubomir slawischer Name von russisch ljuba = »Liebe«
und mir = »Friede«

Longin lateinisch, von longus = »lang«, auch: Longinus

Lorenz eingedeutschte Form von Laurentius

Lorin englische Kurzform von Laurentius

Loris italienische und schweizerische Form von
Laurentius

Lothar althochdeutsch, von hlutha = »laut, berühmt«
und haria = »Heer, Volk«, Fürstenname im Mittelalter

Louis englische und französische Form von Ludwig

Lucius von lateinisch lux, lucis = »Licht«, alter römischer Vorname, andere Formen: Lucian, Luciano,
Lucien, Lucio

Ludger Sonderform von Liutger, von althochdeutsch
liut = »Volk« und ger = »Speer«

Ludwig althochdeutsch, von
hlutha = »laut, berühmt« und wig =
»Kampf«, bedeutender Adelsname,
andere Formen: Lodewig, Lodovico,
Ludovico

Luigi italienische Kurzform von
Lodovico (Ludwig)

Luis spanische und rätoromanische
Form von Ludwig

Lukas deutsche Form des lateinischen Lucas

*Der heilige **Lukas** war
Verfasser eines der
vier Evangelien, lebte
im 1. Jahrhundert und
begleitete Paulus auf
mehreren Missions-
reisen.*

Lutz Kurzform von Ludwig und Lukas
Luzian deutsche Form von Lucian und Lucius
Lyonel Sonderform von Lionel
Lysander zu griechisch lysein = »lösen« und aner =
»Mann, der Freigelassene«

M

Magnus lateinisch, von magnus = »groß«, in Anleh-
nung an Karl den Großen (Carolus Magnus), Name
mehrerer skandinavischer Könige, auch: Manus
Mahir türkisch, von arabisch mahir = »der Geschickte,
der Talentierte«
Maik deutsche Form von Mike, auch: Meik
Makarios griechisch = »begütert, glücklich«
Malcolm schottisch, von gälisch mael Colum = »Jünger
von Saint Columba«, Name schottischer Könige
Malte dänisch, vermutlich Kurzform von Helmold
Manfred althochdeutsch, von man = »Mann, Mensch«
und fridu = »Friede«, auch: Manfried, Manfredo
Manhard althochdeutsch, von man = »Mann, Mensch«
und hart = »stark, fest«
Manolo spanische Kurzform von Emmanuel
Mansur arabisch = »dem Gott zum Sieg verholfen hat«,
Ehrentitel mehrerer Kalifen

Manuel Kurzform von Emmanuel

Marald althochdeutsch, von marah = »Pferd« und walt = »Schutz«

Marbert althochdeutsch, von marah = »Pferd« und beraht = »glänzend«

Marcel französische Form von Marcellus

Marcellus Sonderform von Marcus, auch: Marzellus

Marcus lateinisch = »Sohn des Mars«, vom Namen des römischen Kriegsgottes, auch: Markus

Marek polnische und tschechische Form von Markus

Marinus von lateinisch marinus = »am Meer lebend«

Mario italienische Form von Marius

Marius lateinisch, von marius = »aus dem Geschlecht der Marier«, Bedeutung unbekannt, auch: Marian

*Der heilige **Martin** (316/317–397), um den sich viele Legenden ranken, war Bischof von Tours und wird als Patron der Bettler, Soldaten und Reiter verehrt.*

Mark Kurzform von Markus, auch: Marc

Marlon englisch, Herkunft und Bedeutung ungeklärt, auch: Marlo, Marlin

Marsilius vom lateinischen Namen des römischen Kriegsgottes Mars, auch: Marsilio

Martin deutsche Form von Martinus, andere Formen: Marten, Maarten, Martino, Morten

Martinus lateinische Ausgangsform und niederländische Form von Martin, abgeleitet von Mars, dem römischen Kriegsgott

Marvin englisch, von altenglisch maer = »berühmt« und wine = »Freund«, auch: Marwin, Mervin

Maternus lateinisch, von maternus = »mütterlich«, erster Bischof von Köln

Matthäus Sonderform von Matthias; Matthäus war Apostel und Evangelist

Matthias von hebräisch = »Geschenk Gottes«, andere Formen: Mathias, Matias, Mathieu, Matteo, Matthew

*Der heilige **Matthias** wurde nach dem Selbstmord von Judas durch Los zu dessen Nachfolger in der Jüngerschar bestimmt. Er ist Patron der Handwerker, Bäcker, Metzger und Schneider.*

Mauritius Sonderform von Maurus, andere Formen: Maurizio, Maurice, Mauricio

Maurus von lateinisch maurus = »der Maure, der Mohr, aus der römischen Provinz Mauritania (Marokko)«, auch: Mauro

Max Kurzform von Maximilian

Maxim Kurzform von Maximus

Maximilian von lateinisch maximus = »der Größte«, andere Formen: Maximus, Maximin, Massimiliano, Maximilien, Massimo

Mehmet türkische Form von Mohammed

Meinhard althochdeutsch, von megin = »Macht, Kraft, Vermögen« und hart = »stark«, andere Formen: Meinard, Menard, Meinert

Meinold althochdeutsch, von megin = »Macht, Kraft, Vermögen« und waltan = »herrschen«, auch: Meinwald

Meir jiddisch, von hebräisch me-ir = »der Leuchtende«

Melchior von hebräisch elimelech = »Gott ist König« und or = »Licht«, einer der Heiligen drei Könige aus dem Morgenland

Melih türkisch, von arabisch = »der die Schönheit besitzt«

Melvin englisch, von altenglisch mael = »Rat« und wine = »Freund«, andere Formen: Melvyn, Malvin

Memnun türkisch, von arabisch = »der Zufriedene, der Glückliche«

Menachem hebräisch = »Tröster«

Mendel Kurzform von Emmanuel und Immanuel

Menrad niederdeutsche Sonderform von Meinrad, von althochdeutsch megin = »Macht, Kraft, Vermögen« und rad = »Rat«

Merlin englisch, von keltisch myrddin = »Seehügel, Düne«, bekannt durch den weisen Zauberer aus der Artussage

Merrick englisch, von altenglisch mare = »Meer« und
  rice = »Herrscher«

Michael von hebräisch mikha'el = »Wer ist wie
  Jahwe?«, einer der Erzengel, Schutzpatron Israels,
  andere Formen:
  Michel, Michail, Michal, Michele,
  Mikael, Miguel, Mischa

Mika finnische Kurzform von
  Michael

Mike englische Kurzform von
  Michael, auch: Mick

Mikis neugriechische Form von
  Michael

Milan slawische Kurzform von
  Miloslaw

Milian Kurzform von Maximilian

Milos tschechische Kurzform von
  Namen auf -mil

Miloslaw russisch, von mili = »lieb, angenehm« und
  slava = »Ruhm«

Milton englisch, von einem Familiennamen mit der
  Bedeutung »Mühlenplatz«

Mirko Kurzform von Miroslaw

Miroslaw russisch, von mir = »Friede« und slava =
  »Ruhm«

*Der italienische
Renaissancekünstler
Michelangelo
Buonarotti
(1475–1564) war ein
berühmter Bildhauer
und Maler und schuf
unter anderem die
Deckenfresken in der
Sixtinischen Kapelle.*

Mohammed arabisch, von muhammad = »gepriesen«, der Prophet Mohammed (um 570–632) war der Begründer des Islam, auch: Muhammad

*Im Alten Testament war **Moses** der Führer des Volkes Israel beim Auszug aus Ägypten. Er brachte auch die Tafeln mit den Zehn Geboten Gottes vom Berg Sinai herunter.*

Morgan englisch, von keltisch = »seegeboren«

Moritz deutsche Form von Mauritius, andere Formen: Moriz, Mauriz

Morris englische Form des lateinischen Mauritius

Moses biblischer Name, von hebräisch moscheh = »ägyptisches Kind« oder »aus dem Wasser gezogen«, andere Formen: Mose, Moshe

Mustafa türkisch, von arabisch mustafan = »der Auserwählte«

N

Nabor wahrscheinlich hebräisch = »Prophet des Lichts«

Nafi türkisch, von arabisch = »der Nützliche, der Wertvolle«

Nahum hebräisch, von nachum = »trostreich«

Namid indianisch = »Sternentänzer«

Namik türkisch, von arabisch = »der Schreiber, der Schriftsteller«

Namir arabisch = »Leopard«

Nandolf von germanisch nantha = »wagemutig, kühn«
und althochdeutsch wolf = »Wolf«

Nantwig von germanisch nantha = »wagemutig, kühn«
und althochdeutsch wig = »Kampf«

Napoleon vom Ortsnamen Neapel = »Mann aus Neapel«,
von griechisch neapolis = »neue Stadt«

Nasir türkisch, von arabisch = »der Helfer«

Natalis von lateinisch dies natalis = »Tag der Geburt
(Christi)«, in der Bedeutung »der an Weihnachten
Geborene«

Nathan biblischer Name, von hebräisch = »Gott hat
gegeben«, Prophet zu Zeit Davids, auch: Nathanael

Nayati indianisch = »Ringer«

Nazarius lateinisch = »aus Nazareth stammend«, auch:
Nazaire

Neal irisch, Bedeutung und Herkunft unklar

Necat türkisch, von arabisch = »der Retter, der Befreier«

Nehemia biblischer Name, hebräisch nechemejah =
»getröstet hat Jahwe (der Herr)«, im Alten Testament
Mundschenk des persischen Königs Artaxerxes I. (reg.
464–424 v. Chr.) und Statthalter von Juda

Neidhard althochdeutsch, von nid = »Feindschaft,
Hass« und hart = »kühn, hart«, andere Formen:
Neithard, Neidhart, Neithardt

Neil englisch, von gälisch niull oder niall = »Kämpfer«,
auch: Nigel

Nelson englisch = »Sohn des Nils«

Niels dänische Kurzform von Nikolaus, auch: Nils

Nikita russische Kurzform von Nikolai

Niko Kurzform von Nikolaus, auch: Nico

Nikodemus biblischer Name, von griechisch nike =
»Sieg« und demos = »Volk«, jüdischer Schriftgelehr-
ter, Mitglied des Hohen Rates

Nikolaus von griechisch nike = »Sieg« und laos =
»Volk«, andere Formen: Niklas,
Nikolas, Niccolo, Nicholas, Nicolas,
Nikolai, Niklaus

*Der heilige **Nikolaus**
von Myra (gest. um
350) war Bischof in
Kleinasien und wird
als Patron der Schü-
ler und Kinder sowie
der Kaufleute und
Handwerker verehrt.*

Nino italienische Kurzform von
Giovannino

Noah biblischer Name, zu hebräisch
noach = »ruhen, Trost, Ruhe schaf-
fen«, im Alten Testament als Einziger vom Strafgericht Gottes ver-
schont, überlebt zusammen mit
seiner Frau sowie seinen drei Söhnen die Sintflut in
einer Arche

Noel englisch = »Weihnachten«, auch: Noël

Nolan von keltisch = »berühmt« oder englisch north-
land = »Nordland«

Norbert althochdeutsch, von nord = »Norden« und
beraht = »glänzend, berühmt«

Norman althochdeutsch, von nord = »Norden« und man
= »Mann«, auch: Normann

Norwin althochdeutsch, von nord = »Norden« und wini
= »Freund«

O

Odilo Sonderform von Odo, von althochdeutsch ot =
»Besitz, Erbgut«

Odo niederdeutsche Form von Otto

Oktavian von lateinisch octavius = »vom Geschlecht
der Octavier«, von lateinisch
octavus = »der Achte«, andere
Formen: Octavian, Octavianus,
Octavius, Oktavius, Octavio,
Oktave, Ottavio

Olaf skandinavisch, von altnordisch anleifr = »Nachkomme des
(göttlich verehrten) Urahns«

Ole Kurzform von Namen mit Ul-

Oleg russische Form von Helge

Oliver von lateinisch olivarius =
»Ölbaum«, auch: Olivier

*In der griechischen
Mythologie ist
Orestes der Sohn des
Agamemnon. Er rächt
den Mord an seinem
Vater, indem er des-
sen Mörder tötet –
seine Mutter Klytem-
nestra und ihren
Geliebten.*

Omar von Umar, altarabischer Name, Bedeutung unklar

Orest von griechisch oros = »Berg«

Orson von altfranzösisch ourson = »kleiner Bär«

Ortlieb althochdeutsch, von ort = »Spitze der Waffe« und liob = »lieb«, Sohn von Etzel und Kriemhild im Nibelungenlied

Ortwin althochdeutsch, von ort = »Spitze der Waffe« und wini = »Freund«, auch: Ortwein

Oskar altnordisch, vom altdeutschen Ansgar, auch: Oscar

Osman türkisch, nach Osman I. (reg. 1288–1326), dem Begründer des Osmanischen Reiches

Osmar von germanisch ans = »Gottheit« und althochdeutsch mari = »berühmt«

Oswald von germanisch ans = »Gottheit« und althochdeutsch waltan = »walten, gebieten«

Oswin von germanisch ans = »Gottheit« und althochdeutsch wini = »Freund«

Otfried althochdeutsch, von ot = »Besitz, Erbgut« und fridu = »Schutz, Friede«, auch: Ottfried

Otger althochdeutsch, von ot = »Besitz, Erbgut« und ger = »Speer«, auch: Otker

Otis englisch, von griechisch ous = »Ohr«

Otmar althochdeutsch, von ot = »Besitz, Erbgut« und mari = »berühmt«, andere Formen: Ottmar, Othmar

Otto Kurzform von Namen mit Od- oder Ot-, von althochdeutsch ot = »Besitz, Erbgut«, Name von drei deutschen Kaisern

Owen ursprünglich walisisch, Bedeutung unklar, vielleicht von cen = »Lamm«

P

Paavo finnische Form von Paul

Pabel niederdeutsche Form von Paul

Paco spanische Sonderform von Francisco

Pankraz von griechisch pankrates = »allmächtig, allsiegend«, einer der drei »Eisheiligen«, auch: Pankratius

Paolo italienische Form von Paul

Parzival französisch, von altfranzösisch perceval = »Taldurchstreifer«, Gestalt aus der Artussage, andere Formen: Parsival, Parsifal

Pascal von lateinisch paschalis = »österlich (an Ostern geboren)«, auch: Pasquale

Patrick von lateinisch patricius = »dem römischen Adel der Patrizier zugehörig«, andere Formen: Patrik, Patricius

Paris war in der griechischen Mythologie der Sohn des trojanischen Königs Priamos. Er entführte die schöne Helena und löste damit den Trojanischen Krieg aus.

Paul von lateinisch paulus = »der Kleine«, Kurzform von Paulus, auch: Pablo

Paulus lateinische Form von Paul, nach dem Apostel Paulus (gest. um 67), auch: Paulinus, Paulin

Pavel tschechische Form von Paul, auch: Pawel

Pekka finnische Form von Peter

Per schwedische Form von Peter, auch: Pär

Percy Kurzform von Percival (Parzival)

Peregrinus von lateinisch peregrinus = »der Fremdling, der Reisende«, andere Formen: Peregrin, Pellegrino

Petrus hieß ursprünglich Simon und erhielt von Jesus den aramäischen Namen Kephas (= »Fels«), was dem lateinischen Petrus entspricht. Er war der erste Bischof von Rom (= Papst) und starb um das Jahr 67 als Märtyrer.

Perikles von griechisch peri klytos = »berühmt, herrlich«

Peter von griechisch petra, petros = »Felsblock«, andere Formen: Peder, Pete, Pierre, Piero, Pietro, Pedar, Petar

Petrus lateinische Form von Peter, nach dem Apostel Petrus

Phil englische Kurzform von Philip

Philipp von griechisch philos = »Freund, Liebhaber« und hippos = »Pferd«, andere Formen: Philip, Philippe, Filippo, Felipe

Pinkus ursprünglich jüdisch = »der Gesegnete«

Pirmin Herkunft und Bedeutung unklar

Pius von lateinisch pius = »fromm, tugendhaft«, Name
von zwölf Päpsten

Pjotr russische Form von Peter

Placidus von lateinisch placidus = »sanft, friedlich«,
andere Formen: Placido

Q

Quentin englische und französische Form des lateinischen Quintin

Quintin von lateinisch quintus = »der Fünfte«, andere
Formen: Quintinus, Quint, Quinto

Quirin lateinisch = »der Mann aus Quirinum« oder von
griechisch kyriakos = »Herr, Meister«, ursprünglich
Beiname des römischen Kriegsgottes Mars

R

Raban latinisierte Form von althochdeutsch hraban =
»Rabe«, auch: Rabanus

Radek russische Kurzform von Radomil

Radomil von slawisch radost = »Freude« und mili =
»lieb, angenehm«

Ragnar nordische Form von Rainer

Wie wir den Vornamen für unseren Sohn fanden

Es gibt viele verschiedene Wege, Namen für den Nachwuchs zu wählen. Familientraditionen spielen eine Rolle, und regionale Unterschiede wirken sich ebenfalls aus. Den Namen Korbinian zum Beispiel wird man im Norden Deutschlands ebenso selten finden wie Lars im Süden.

Auch Namen, die häufig in den Medien zu hören und zu sehen sind, erscheinen in den Statistiken. Viele Eltern möchten ihrem Nachwuchs ganz individuelle Namen geben und werden in fremden Kulturkreisen fündig. Aber ganz gleich, woher der Vorname kommt – er muss zum Nachnamen passen.

Die folgenden Geschichten sind eine kleine Auswahl von Beispielen, wie Eltern ihre Namenswahl getroffen haben.

Gott hilft

Mein Mann und ich stellten nach unserer Hochzeit fest, dass wir auf natürlichem Wege wahrscheinlich keine Kinder bekommen könnten, und beschlossen, dem Schicksal nachzuhelfen. Noch bevor die entsprechende Behandlung begann, hatte ich einen Traum. Ich träumte, ich wäre schwanger mit einem Sohn, und der solle Joshua Jannik heißen. Wie ich gerade zu diesen Namen kam, ist mir vollkommen unklar. Jannik hatte ich noch nie gehört und Joshua ... vielleicht von Joshua Kadison, dessen CD wir in unserer Sammlung hatten. Ich sagte jedenfalls zu meinem Mann, dass das ein Wink von oben sei, und wenn wir wirklich einen Sohn bekämen, solle er auch so heißen.

Mein Mann hatte nichts dagegen. Als dann gleich die erste Behandlung erfolgreich war und ich schwanger wurde, wusste ich schon vor der ersten Untersuchung, dass es ein Junge wird. Der Pfarrer erzählte uns vor der Taufe, dass Joshua »Gott hilft« bedeutet ... und so war es wohl auch.

Brigitte

Frischer Wind

Meine Frau war Mitte Vierzig, unsere Tochter schon zehn Jahre alt, als sich überraschend noch einmal Nachwuchs ankündigte. Nachdem die erste Überraschung vorüber war, haben wir uns sehr gefreut, denn eigentlich wollten wir gern noch ein zweites Kind. Nach der Fruchtwasseruntersuchung war klar, dass es ein Sohn wird. Wir machten uns auf die Suche nach einem passenden Namen. Der sollte nicht religiös geprägt und außergewöhnlich sein – für ein außergewöhnliches Kind eben. Ich verlegte meine Suche auf die indianischen Namen, von denen mir einige gut gefielen. Mein Vorschlag war Teak. Da war meine Frau aber ganz dagegen, wegen der Ähnlichkeit zum Teakholz. Sie schlug dann Keanu vor, nach Keanu Reeves, der ja indianischer Abstammung ist. Der Name gefiel mir auch. Wir wussten allerdings nicht, was er bedeutet. Bei einem Telefonat mit einer Bekannten stellte sich dann heraus, dass deren Freundin einen Sohn mit diesem Namen hat. Und dass Keanu »frischer Wind« heißt. Das fanden wir sehr passend. Zum einen bringt er ja wirklich frischen Wind in unser Familienleben, und zweitens leben wir am Meer und lieben den Wind.

Heute ist Keanu zwei Jahre alt, und »frischer Wind« ist milde ausgedrückt: »Wirbelwind« wäre vielleicht passender gewesen!
Martin

Ein angenommenes Kind

Unser Daniel Johannes ist zu uns gekommen, da war er schon über ein Jahr alt, und wir wollten seinen ersten Namen Daniel nicht mehr ändern. Etwas von uns sollte aber auch dabei sein. Heiner und mir hat Johannes schon immer sehr gut gefallen. Bei der Taufpredigt hat der Pfarrer dann die Geschichte von Maria und Johannes erzählt, wie Jesus am Kreuz zu beiden sagt: »Siehe da, deine Mutter. Siehe da, dein Sohn.« So ist auf eine besondere Weise der Johannes des Neuen Testaments auch ein angenommenes Kind gewesen. Uns nicht Bibelfesten war das überhaupt nicht bewusst, als wir uns für diesen Namen entschieden haben.
Marlene

In vielen Familien gibt es amüsante Geschichten über die Namensfindung.

Rahman türkisch, von arabisch rahman = »der Allbarmherzige«

Raimund von althochdeutsch ragin = »Rat, Beschluss« und munt = »Schutz«, andere Formen: Raimond, Reimund, Raimondo, Raymond

*Der heilige **Raimund** Nonnatus (gest. 1240) opferte sich für den Loskauf von Sklaven in Afrika und wird als Patron der Angeklagten und Wöchnerinnen verehrt.*

Rainald Sonderform von Reinhold, andere Formen: Reinald, Rinald, Rinaldo

Rainer althochdeutsch, von ragin = »Rat, Beschluss« und heri = »Heer«, andere Formen: Reiner, Rainier, Régnier

Rajan indisch, von Sanskrit = »König«, auch: Raja

Rajnish indisch = »Herrscher der Nacht«, auch: Rajneesh

Ralf Kurzform von Radolf, von althochdeutsch rat = »Beratung, Rat« und wolf = »Wolf«, auch: Ralph

Rama indisch = »angenehm«, im Hinduismus siebte Inkarnation des Gottes Vishnu

Rambert althochdeutsch, von hraban = »Rabe« und beraht = »glänzend«

Rami türkisch, von arabisch rami = »der Bogenschütze«

Ramón spanische Form von Raimund

Randolf althochdeutsch, von rant = »Schild« und wolf
= »Wolf«, andere Formen: Randolph, Randal, Randall

Randy englische Sonderform von Randolph

Ranko slowenisch, von rany, rano = »frühzeitig, morgens früh«

Raoul französische Form von Randolf

Raphael biblischer Name, hebräisch = »Gott heilt, hat
wiederhergestellt«, einer der Erzengel, andere Formen: Rafael, Raffael, Raffaele

Rasim türkisch, von arabisch rasim = »der Zeichnende«

Rasin türkisch, von arabisch = »fest, widerstandsfähig«

Rasit türkisch, von arabisch rasid = »rechtgeleitet«

Rasmus Kurzform von Erasmus

Rasso Kurzform von Namen mit
Rat- oder Rad-

Ratbert althochdeutsch, von rat =
»Rat, Beratung« und beraht =
»glänzend«

Ratger althochdeutsch, von rat =
»Rat, Beratung« und ger =
»Speer«

Ratko Kurzform von Namen mit
Rat- oder Rad-, auch: Radko

Ravi indisch, von Sanskrit = »Sonne«, im Hinduismus
Beiname des Sonnengottes Surya

*__Reemt__ ist eine friesische Sonderform von
Raimund und taucht
heute nur noch im
Familiennamen
Reemtsma auf. Die
Silbe -ma bedeutet
dabei Mann.*

Ray englische Kurzform von Raimund

Refet türkisch, von arabisch = »Freund, Kamerad«

Regis Kurzform von Remigius

Reimar Sonderform von Reinmar, von althochdeutsch regin = »Rat, Beschluss« und mari = »berühmt«, auch: Raimar, Reimer

Reinhard althochdeutsch, von regin = »Rat, Beschluss« und hart = »hart, stark«, andere Formen: Reinhart, Reinert, Renard

Reinhold althochdeutsch, von regin = »Rat, Beschluss« und waltan = »herrschen, walten«, andere Formen: Reginald, Reinald, Reinold, Renaud, Renault

Remigius lateinisch = »der Ruderer«

Remus lateinisch, von remus = »Ruder«, Sohn des römischen Kriegsgottes Mars, zusammen mit seinem Zwillingsbruder Romulus Gründer der Stadt Rom (753 v. Chr.), auch: Remo

René französische Form von Renatus, von lateinisch renatus = »wiedergeboren«

Renko ostfriesische Kurzform von Reinhard

Reno italienische Kurzform von Renatus

Renz friesische Kurzform von Lorenz, auch: Renzo, Rienzo

Resat türkisch, von arabisch = »dem richtigen Weg folgend«

Resmi türkisch, von arabisch = »feierlich«

Resul türkisch, von arabisch = »Prophet, Gesandter Allahs«

Reto schweizerisch = »der Räter, der Rätoromane«, auch: Räto, Retus

Rex englische Kurzform von Reginald

Riccardo italienische Form von Richard, auch: Ricardo

Ricco Kurzformen von Riccardo, auch: Rico

Richard althochdeutsch, von rihhi
= »mächtig, stark, fest, reich«
und hart = »stark, fest«, andere
Formen: Reichard, Rickert,
Ridsert, Ridzard, Righard, Ritzard

Die Rätoromanen in der »Svizra rumant-scha« (Teile Graubündens) sind eine kleine Volksgruppe, Reste einer früh latinisierten Alpenbevölkerung.

Richmar althochdeutsch, von rihhi
= »mächtig, stark, fest, reich«
und mari = »berühmt«, andere
Formen: Rickmer, Rigomar

Richwin althochdeutsch, von rihhi
= »mächtig, stark, fest, reich« und wini = »Freund«

Rick englische Kurzform von Richard, auch: Ricky

Ringo Kurzform von Ringolf, von althochdeutsch regin
= »Rat, Beschluss« und wolf = »Wolf«

Risto finnische Kurzform von Christoph

Roald norwegische Form von Rodewald

Roar skandinavische Form von Rüdiger

Robert von germanisch hroth = »Ruhm« und althochdeutsch beraht = »glänzend«, andere Formen: Rupert,
Roberto

Robin englische und französische Kurzform von Robert,
auch: Robyn

Rochus latinisierte Form des germanischen Vornamens
Rochwald = »der den Schlachtruf Ausstoßende«,
andere Formen: Rocco, Roche, Rock, Roque

Rod englische Kurzform von Roderick und Rodney

Roderich von germanisch hroth = »Ruhm« und althochdeutsch rihhi = »mächtig, reich«, andere Formen: Roderic, Roderick, Rodrigo

Roger niederdeutsche, englische und französische Form
von Rüdiger, auch: Rodger

Roland germanisch, von germanisch hroth = »Ruhm«
und nantha = »wagemutig, kühn«, andere Formen:
Ruland, Rutland, Orlando, Rolando, Rolland, Rowland

Rolf Kurzform sowie englische Form von Rudolf, andere
Formen: Rolof, Roluf, Rolph

Rollo Kurzform von Rolof

Roman von lateinisch romanus = »der Römer«, andere
Formen: Romanus, Romain, Romano

Romeo italienische Kurzform von Borromeo

Romulus römisch, sagenhafter Gründer der Stadt Rom
(753 v. Chr.)

Ron englische Kurzform von Ronald, auch: Ronnie, Ronny

Ronald schottisch, von Reinold

Rory irisch, von gälisch ruadh = »rot«, auch: Roy

Ross von einem schottischen Clannamen, Herkunftsname, »von einer Halbinsel«

Rötger niederdeutsche Form von Rüdiger

Ruben vom hebräischen Namen Reuven = »sehet, ein Sohn«, ältester Sohn des Patriarchen Jakob, andere Formen: Rauben, Rcuven, Ruven, Reuben

Rudi Kurzform von Rudolf

Rüdiger von germanisch hroth = »Ruhm, Ehre« und althochdeutsch ger = »Speer«

Rudolf von germanisch hroth = »Ruhm« und althochdeutsch wolf = »Wolf«, auch: Rudolph

Rufus lateinisch, von rufus = »rot«, auch: Rufinus, Rufin

Ruggiero italienische Form von Rüdiger

Rupert von germanisch hroth = »Ruhm« und althochdeutsch beraht = »glänzend«, andere Formen: Rupertus, Ruppert, Ruprecht

Rurik russische Form von Roderich

Rudi Dutschke (1940–1979) war ein deutscher Studentenführer, der als führender Kopf der Außerparlamentarischen Opposition 1968 auf offener Straße niedergeschossen wurde.

Russell englisch/amerikanisch, von altfranzösisch
rousel = »kleiner Roter bzw. Rothaariger«

Ruud niederländische Kurzform von Rudolphus

Ryan von einem irischen Familiennamen = »kleiner
König«

S

Sabato italienisch, von sabbato = »Samstag«

Sabri türkisch, von arabisch = »Geduld, Ausdauer,
Kraft«

Sadan türkisch, von arabisch sa'id
= »fröhlich, glücklich«

Saffet türkisch, von arabisch =
»Aufrichtigkeit, Reinheit«, auch:
Safi

Sahil indisch = »Führer«

Salah arabisch = »Rechtschaffen-
heit«

Salih türkisch, von arabisch salih =
»fromm, rechtschaffen«

Salman arabisch, von salman =
»heil, gesund«

> *Saladin* war
> ursprünglich ein ara-
> bischer Vorname mit
> der Bedeutung »Heil
> des Glaubens«. Er
> war im 18. Jahrhun-
> dert im Moselgebiet,
> in der Trierer Gegend
> und in Luxemburg
> verbreitet.

Salomon biblischer Name, von hebräisch sch'lomoh =
»friedlich, friedsam«, König Salomon (gest. um

926 v. Chr.), galt im gesamten Orient als Idealbild eines weisen, gerechten und mächtigen Herrschers

Salvator lateinisch, von salvator = »Erlöser«, andere Formen: Salvatore, Salvador

Salvio italienisch, von lateinisch salvus = »unversehrt«

Sam englische Kurzform des hebräischen Samuel, auch: Sammy

Samuel biblischer Name, von hebräisch schemuel, schmuel = »der Name Gottes«, Prophet und der letzte Richter der Israeliten im Alten Testament

Sándor ungarische Kurzform von Alexander

Sandro italienische Kurzform von Alessandro

Sascha russische Kurzform von Alexander

Saul biblischer Name, von hebräisch schau'ul = »der Erbetene, Begehrte«, erster König im Alten Testament

Scott englisch = »der Schotte«

Seamus irische Form von Jakob

Sean vermutlich irische Form von Johannes

Sebald Kurzform von Siegbald, von althochdeutsch sigu = »Sieg« und bald = »kühn«, andere Formen: Sebold, Sebaldus

Sebastian griechisch, von sebastos = »erhaben, verehrungswürdig«, andere Formen: Sebastino, Sebastien

Selim arabische Form von Salomon

Selmar männliche Neubildung zum weiblichen Vornamen Selma

*Der heilige **Sebastian** (gest. um 300) war kaiserlicher Offizier und starb als Märtyrer in Rom. Er ist Patron der Sterbenden und wird gegen die Pest angerufen.*

Sepp bayerisch-österreichische Kurzform von Josef

Seraphin biblischer Name, von hebräisch seraphim = »die Feurigen, Brennenden« und saraph = »Schlange«, im Alten Testament himmlische Wesen, die als Chor Gottes dessen Heiligkeit verkünden, andere Formen: Seraph, Seraphinus, Serafin

Serenus lateinisch, von serenus = »hell, klar, heiter«

Sergius nach dem römischen Geschlechternamen der Sergier, von lateinisch servire = »dienen«, andere Formen: Serge, Sergej, Sergio

Serif türkisch, von arabisch sarif = »vornehm, heilig«

Serlo Herkunft und Bedeutung sind unsicher, Gestalt in Goethes Roman »Wilhelm Meisters Lehrjahre« (1795)

Servatius lateinisch, von servare = »bewahren, retten«, einer der drei »Eisheiligen«, andere Formen: Servas, Servais, Servazio

Seth biblischer Name, hebräisch = »Setzling«, dritter Sohn von Adam und Eva

Severin Sonderform von Severus

Severus lateinisch, von serverus = »ernst, streng«,
  Beiname einer alten römischen Familie, auch:
  Serverinus

Shahin arabisch = »Falke«

Shane irische Form von Johannes

Sid Kurzform von Sidney, auch: Syd

Sidney englisch, vermutlich vom angelsächsischen
  Heiligennamen Saint Denis, auch: Sydney

Siegbert althochdeutsch, von sigu = »Sieg« und beraht
  = »glänzend«, andere Formen: Seibert, Sigbert

Siegfried althochdeutsch, von sigu = »Sieg« und fridu
  = »Schutz, Friede«, bekannt aus
  der Nibelungensage, andere Formen: Sefried, Sigfried, Siffrid

Sieghard althochdeutsch, von sigu
  = »Sieg« und hart = »hart,
  stark«, andere Formen: Sieghart,
  Sighart, Sicard

Siegmar althochdeutsch, von sigu
  = »Sieg« und mari = »berühmt«, auch: Sigmar

Siegmund althochdeutsch, von sigu = »Sieg« und munt
  = »Schutz«, andere Formen: Sigmund, Sigismund,
  Sigismond

Sierk westfriesische Kurzform von Siegrich, von althochdeutsch rihhi = »reich, berühmt«

> *Die Nibelungensage bildet die Grundlage für die Handlung der drei Opern zum »Ring des Nibelungen« von Richard Wagner.*

Sievert friesische Form von Siegward, von althochdeutsch wart = »Hüter«, auch: Siewert, Sewart

Sigurd nordische Form von Siegfried

Sikko friesische Kurzform von Namen mit Sieg-, Sig-, auch: Sicco

Silas biblischer Name, in der Apostelgeschichte führende Persönlichkeit der christlichen Gemeinde Jerusalems

Silko Kurzform von Cäcilius

Silvan lateinisch, von silva = »Wald«, entspricht deutsch Horst und italienisch Bosco, andere Formen: Silvanus, Silvain, Sylvan, Sylvain, Silvano

Silvester lateinisch, von silvestris = Wald, auch: Sylvester

*Der heilige **Silvester** war von 314 bis 335 Papst. Sein Namenstag ist der 31.12., der letzte Tag des Jahres, der daher Silvester heißt.*

Silvius von lateinisch silva = »Wald«, auch: Silvio

Simeon biblischer Name, von hebräisch schimeon = »(Geschenk der) Erhörung«

Simon Sonderform von Simeon, im Neuen Testament der ursprüngliche Name des Apostels Petrus

Simson biblischer Name, von hebräisch schemesch = »Sonne«, im Alten Testament ein israelischer Richter mit übernatürlichen Kräften, auch: Samson

Sinan türkisch, von arabisch sinan = »eiserne Speer-
spitze«

Sinclair englisch, Zusammenziehung aus Saint Clair
(= »heiliger Clarus«)

Sindolf althochdeutsch, von sint = »Sinn, Verstand«
und wolf = »Wolf«

Sintbert althochdeutsch, von sint = »Sinn, Verstand«
und beraht = »glänzend«

Sintram althochdeutsch, von sint = »Sinn, Verstand«
und hraban = »Rabe«, auch: Sindram

Sion walisische Form von Johannes

Sirach ursprünglich hebräisch = »Überfluss«, im Alten
Testament Sammlung von Verhal-
tensmaßregeln, Erfahrungen und
Verheißungen

Sivert friesische Form von Siegward, auch: Siwert

Sixtus lateinisch, von griechisch
xystos = »der Glatte, Feine«,
angelehnt an lateinisch sextus =
»der Sechste«, andere Formen:
Sixt, Sisto, Sixte

Sokrates *ist ein grie-
chischer Vorname
und bedeutet wahr-
scheinlich »Heil,
Kraft«. Er wurde
bekannt durch den
griechischen Philoso-
phen Sokrates
(469–399 v. Chr.).*

Slawomir polnisch, von westsla-
wisch slava = »Ruhm« und mir = »Frieden«

Sönke friesisch = »Söhnchen«, auch: Söncke, Söhnke

Sophus griechisch, von sophos = »klug, weise«, auch: Sofus

Sören dänische Form von Severin

Spencer englisch, von mittelenglisch spense = »Speisekammer, Vorratslager«

Spiridon neugriechisch = »der Sämann«, auch: Spiro

Stanislaus latinisierte Form von Stanislaw

Stanislaw slawisch, vom Wort für »werden, beständig sein« und slava = »Ruhm«, auch: Stanislav

Stanley englisch = »steinige Wiese«, Kurzform: Stan

Stefan von griechisch stephanos = »Kranz, (Märtyrer-) Krone«, andere Formen: Stephan, Steffen, Stefano, Stepan, Stephen, Stephane, Steven, Steffan

Sten norwegisch und schwedisch, von altnordisch sten, steinn = »Stein«

Stenzel schlesische Kurzform von Stanislaus

Stig skandinavisch, von altnordisch stiga = »wandern«

Stuart englisch, von altenglisch styward = »Hausbewahrer«, auch: Stewart

Sulpiz lateinisch sulpicius = »der aus dem Geschlecht der Sulpicier«

Sune schwedisch = »Sohn«

Svante schwedische Kurzform vom wendischen Namen Svantepolk = »Kriegsvolk«

Sven von nordisch suain = »Jüngling, junger Mann«

T

Tage skandinavisch, von altnordisch tage = »Beiname für einen Bürgen oder Gewährsmann«

Tahir türkisch, von arabisch tahir = »rein, sauber«

Tahsin türkisch, von arabisch = »Schmuck« oder »Bewunderung«

Taip türkisch, von arabisch ta'ib = »bußfertig«

Taki türkisch, von arabisch = »fromm, gottesfürchtig«

Tamino Herkunft und Bedeutung unklar, vielleicht von griechisch tamias = »Herr, Gebieter«, Gestalt in Mozarts Oper »Die Zauberflöte« (1791)

Tankred Sonderform des Namens Dankrad

Taro japanisch = »großer Junge«

Tassilo Herkunft und Bedeutung unklar, vielleicht von italienisch tasso = »Eibe«, auch: Tasso

Tate von mittelenglisch tayt = »fröhlich, munter«

Terenz von lateinisch Terentius, bekannt durch den römischen Komödiendichter Publius Terentius Afer, Bedeutung unbekannt, auch: Terence

***Tarik** war der Name eines arabischen Heerführers, der 711 von Nordafrika aus nach Gibraltar übersetzte und diesem seinen Namen gab: arabisch dschebel al-Tarik = »Fels des Tarik«.*

Thaddäus biblischer Name, von griechisch thaddaios = »Lobpreis«, einer der zwölf Apostel, auch: Taddäus

Thaisen nordfriesische Kurzform von Matthias

Theo Kurzform von Theodor

Theobald Sonderform von Dietbald, von althochdeutsch thiot, diet = »Volk, Menschen« und bald = »kühn«, auch: Tebaldo, Theodebald

Theoderich latinisierte Form von Dietrich

Theodor griechisch, von theos = »Gott« und doron = »Gabe«, andere Formen: Teodoro, Theodore, Théodore

Theophil von griechisch theos = »Gott« und philos = »lieb, angenehm, freundschaftlich«

Thiemo Kurzform von Namen mit Diet-, andere Formen: Thimo, Tiemo

Thierry französische Form von Dietrich, auch: Thierri

Thies Kurzform von Matthias

Thilo Kurzform von Tillmann, auch: Tilo

Thomas biblischer Name, von hebräisch thomas = »Zwillingsbruder«, einer der zwölf Apostel, andere Formen: Tomas, Tomaso

*Im Neuen Testament wird der Apostel **Thomas** ungläubig genannt, weil er an der Auferstehung Jesu zweifelte, bis er die Hände in die Wunden des Auferstandenen legen durfte.*

Thor norwegisch, nach dem nordischen Gewittergott Thor, Kurzform von Thorbjörn oder Thorwald

Thure schwedisch, nach dem nordischen Gewittergott
Thor, auch: Ture

Tiberius lateinisch = »dem Flussgott Tiberis geweiht«,
andere Formen: Tiberio, Tibor

Till Kurzform vom Tillmann, auch: Til, Tyl

Tillmann althochdeutsch = »Gefolgsmann, getreuer
Mitstreiter«, andere Formen: Tilman, Tilmann

Tim niederdeutsche und friesische Kurzform von
Dietmar und Timotheus, auch: Timm, Timme, Timo

Timon griechisch, von time = »Ehre, Ansehen«

Timotheus biblischer Name, von griechisch timan =
»schätzen, ehren« und theos = »Gott«, andere Formen: Timothy, Timothée

Tino italienische Kurzform von Namen auf -tino

Titus lateinisch, von titulus = »der Geehrte«, auch:
Tito

Tiziano lateinisch, von titianus = »zur Familie des Titus
gehörig«, auch: Tizio

Tobias biblischer Name, von hebräisch tobijjah = »Gott
ist gut«

Tom englische Kurzform von Thomas, auch: Tommy,
Thommy

Toni oberdeutsche Kurzform von Anton, auch: Tony

Toralf vom nordischen Gewittergott Thor und germanisch alf = »Elf, Albe«, auch: Thoralf

Klingt das gut?

Es ist noch gar nicht so lange her, da wählten Eltern die Namen für ihre Kinder nur aus ihrem traditionellen und religiösen Hintergrund heraus. Die Söhne bekamen den Namen des Vaters, Großvaters und/oder des Taufpaten. Die Töchter hießen wie Mutter, Großmutter und vielleicht wie die Patin.

Hier hat sich vieles geändert. Im Zuge der fortschreitenden Individualisierung werden auch die Namen der Kinder aus anderen, individuellen Gründen gewählt. Wurde vor zehn Jahren noch mehr auf die Bedeutung geachtet, ist heute der Klang des Namens ausschlaggebend für die Eltern.

Auch wenn sie sich über die Bedeutung des Namens im Klaren sind, sollten die Eltern gewisse »Klangregeln« beachten. Wichtig ist dabei vor allem die Kombination aus Vor- und Nachnamen.

Die Silbenzahl

So klingen einsilbige Vor- und Nachnamen in Kombination (Jan Kunz) nie gut. Also sollte man besser einen mindestens zweisilbigen Vornamen (Philipp Kunz) wählen. Auch lange Vornamen mit mehrsilbigen Nachnamen sind unschön (Wilhelm-Alexander Trautmannsdorfer), hier empfiehlt sich eher ein kurzer Vorname (Niklas Trautmannsdorfer).

Lautregeln

Endet der Vorname mit dem Konsonanten, mit dem der Familienname beginnt (Ignaz Zauner, Mark Kramer), so sind der gute Klang und die klare Aussprache dahin. Endreime (Holger Schneider) sind den meisten Ohren ebenfalls nicht angenehm. Interessant dagegen klingt es zumeist, wenn beide Namensteile mit demselben Laut beginnen (Severin Sigorski, Frederik Vogel).

Der Rhythmus

Eher unbewusst nehmen wir den Rhythmus wahr, in dem der Gesamtname gesprochen wird. Unser Ohr reagiert aber ganz empfindlich auf den Wechsel von betonten und unbetonten Silben, ähnlich wie bei einem Gedicht. Aus diesem Grund sind zum Beispiel selbst bemühte Namenskombinationen wie Mario-Maximilian immer noch gut im Klang.

Vor- und Familienname

Familien mit einem sehr häufigen Namen wie Meier, Müller etc. können ihrem Kind das Leben erleichtern, wenn sie ihm einen ausgefallenen, aber zeitgemäßen Vornamen geben. Dabei kommt es auf den persönlichen Geschmack an, was man schön oder eher albern findet. Außerdem beeinflussen die verschiedenen Moden unser Ohr. Hätte vor zehn Jahren Alain

Schneider einen ungewohnten Klang gehabt, so haben wir uns heute an französische, italienische und englische Namen in unserem Sprachbereich gewöhnt.

Die Gefahr von Spitznamen

Den Kindern zuliebe muss man sich auch gut überlegen, ob man ihnen einen Namen von den »Hitlisten« gibt. Wer sitzt schon gerne mit drei Lukassen im Kindergarten oder mit vier Daniels in der Klasse. Solche Namenshäufungen führen zu oft unschönen Spitznamen.

Dieses Problem gibt es ebenfalls bei langen Namen. Aus jedem Maximilian wird irgendwann ein Maxi. Kurze Namen wie Frank oder Ingo lassen eine Verballhornung kaum zu.

Die Möglichkeit, dem Kind mehrere Namen zu geben, lässt die Hintertür offen, später einen der anderen Namen als Rufnamen zu wählen, falls der ursprüngliche nicht gefällt, nicht mehr zeitgemäß oder zu ausgefallen ist. Mehr als drei Namen sollten es allerdings nicht sein, denn viele Formulare müssen mit vollem Namen unterschrieben werden. Der Zweit- und Drittname geben Eltern auch die Möglichkeit, ihr Kind mit einem besonders geliebten Menschen oder zum Beispiel seinem Paten lebenslang zu verbinden. So gibt es in vielen Familien immer noch die schöne Tradition, den Namen des Vaters oder Großvaters als zweiten Vornamen wieder aufzunehmen und dadurch die Linie der Abstammung deutlich zu machen.

Leon, Alexander oder Maximilian? Ihr Vorname wird sie ein Leben lang begleiten.

Torben vom nordischen Gewittergott Thor und von schwedisch björn = »Bär«, auch: Thorben

Torger vom nordischen Gewittergott Thor und von althochdeutsch ger = »Speer«

Torolf vom nordischen Gewittergott Thor und althochdeutsch wolf = »Wolf«, auch: Thorolf

Torsten skandinavisch = »Stein des Thor«, wahrscheinlich Anspielung auf die Waffe von Thor, einen Steinhammer, auch: Thorsten

Tove nordische Kurzform zu Namen mit Tore-, sowohl männlich als auch weiblich

__Troilus__ war in der griechischen Sage ein Sohn des trojanischen Königs Priamos, der von dem griechischen Helden Achilles im Kampf erschlagen wurde.

Travis englisch, von französisch traverser = »überqueren«

Trevor walisisch = »große Heimstatt«

Tristan keltischer Name, Deutung unsicher, auch: Tristram

Troy australisch, vom Namen der antiken Stadt Troja

Truman englisch, von altenglisch treowe = »getreu«

Trutz von mittelhochdeutsch trutz = »Trotz, Widerstand«

Ture schwedische Kurzform von Namen mit Tore-, auch: Thure

Tycho dänisch, von griechisch tyche = »der Glückliche«

U

Ubald althochdeutsch, von hugu = »Sinn, Geist, Verstand« und bald = »kühn«, andere Formen: Ubaldo,
Ubbo

Udo ostfriesische Kurzform von Namen mit Ud-, von
althochdeutsch uodal = »Besitz, Erbgut«

Ugur türkisch = »gutes Vorzeichen«

Ulf Kurzform von Name mit oder auf -ulf, von nordisch
ulv = »Wolf«

Ulfried althochdeutsch, von uodal
= »Besitz, Erbgut« und fridu =
»Schutz, Friede«

Ulli Kurzform von Ulrich, auch: Uli

Ulrich althochdeutsch, von uodal =
»Besitz, Erbgut« und rihhi =
»mächtig, reich«, auch: Ulrik

Ulvi türkisch, von arabisch =
»himmlisch, erhaben«

*Ulysses ist die engli-
sche Form von Odys-
seus. Der Name wur-
de bekannt durch den
berühmten Roman
»Ulysses« (1922) von
James Joyce.*

Umberto italienische Form von Humbert

Ümit türkisch, von persisch = »Hoffnung, Erwartung«

Ümran türkisch, von arabisch = »Blüte, Kultur«

Urban lateinisch, von urbanus = »aus der Stadt (Rom), Stadtbewohner«, Name von acht Päpsten, andere Formen: Urbanus, Urbain, Urbano

Uriah biblischer Name, von hebräisch urij jah(u) = »Licht ist der Herr«, einer der Propheten des Alten Testaments

Urias biblischer Name, im Alten Testament ein hethitischer Söldner im Heer Davids

Uriel biblischer Name, von hebräisch uriel = »Gott ist mein Licht«, einer der vier Erzengel

Urs lateinisch, von ursus = »Bär« oder von althochdeutsch hros = »Pferd«, andere Formen: Ursus, Ursinus, Ursio, Ursin

Utz Kurzform von Namen mit Ul-, auch: Uz

Uwe friesische Kurzform von Namen mit Ul-

V

Václav tschechische Form von Wenzelaus

Vahdet türkisch, von arabisch = »Einheit, Geschlossenheit«

Vakur türkisch, von arabisch waqur = »ernst, würdig«

Valentin lateinisch, von valens = »kräftig, gesund«, Patron der Liebenden und der Jugend, andere Formen: Valentinus, Valento, Valentino

Valerian Sonderform von Valerius = »aus dem Geschlecht der Valerier«, auch: Valerianus, Valerien,
Valerio, Valer, Valerius

Varus schweizerisch, nach dem
römischen Statthalter in Germa-
nien, Publius Quinctilius Varus

Vasco von spanisch/portugiesisch
vasco = »der Baske«

Vasfi türkisch, von arabisch =
»beschreibend«

Vaubert französische Form von
Waldbert

Vaughan von einem walisischen
Wort für »klein«

*Václav Havel (geb.
1936) ist ein tschechi-
scher Schriftsteller
und Politiker. Er ist
seit 1989 Staatspräsi-
dent der Tschechi-
schen bzw. Tschecho-
slowakischen (bis
1992) Republik.*

Vautier französische Form von Walter, auch: Voutier

Vecih türkisch, von arabisch vecahet = »schön, gut
aussehend«

Vedat türkisch, von arabisch = »Liebe, Freundschaft«

Vefik türkisch, von arabisch wafq = »Einklang, Harmo-
nie«

Veit oberdeutsche Kurzform von Vitus oder von althochdeutsch witu = »Holz, Wald«, auch: Voit, Veicht,
Wido

Velten norddeutsche Kurzform von Valentin, auch:
Veltin

Vernon von einem französischen Ortsnamen mit der Bedeutung »Erlenhain« oder von lateinisch vernalis = »frühlingshaft«

Vico italienische Kurzform von Ludovico und von Victor, auch: Vicco

Vidar norwegische Form von Widar, von nordisch für »Krieger«

Vigil spanisch, von lateinisch vigil = »Wächter«

Viktor von lateinisch victor = »der Sieger«, Beiname römischer Gottheiten wie Jupiter, andere Formen: Victor, Vittorio, Viktorian, Viktorianus

Vilmar althochdeutsch, von filu = »viel« und mari = »berühmt«

Vilmos ungarische Form von Wilhelm

Vinzenz lateinisch, von vincere = »siegen«, andere Formen: Vinzent, Vinz, Vicente, Vincent, Vincenzo, Vincentius

Virgil Sonderform von Vergil, lateinisch = »aus dem Geschlecht der Vergiler«, auch: Virgilius

Vitalis lateinisch, von vitalis = »lebenskräftig, zum Leben gehörig«, auch: Vitali

Veit Stoß (um 1440 – 1533) war ein deutscher Bildhauer, Maler und Kupferstecher. Er hat viele berühmte Altarbilder geschaffen, so zum Beispiel den Hochaltar der Marienkirche in Krakau.

Vitus latinisierte Form von Veit, auch: Vito

Volker althochdeutsch, von folc = »(Kriegs)Volk« und
   heri = »Heer«, andere Formen: Volkher, Folker

Volkert Sonderform von Volkhard

Volkhard althochdeutsch, von folc = »(Kriegs)Volk« und
   hart = »hart, fest«, auch: Volkhart, Volhard, Volkard

Volkmar althochdeutsch = »berühmter Kriegshaufe«,
   auch: Volmar

Volkrad althochdeutsch = »Berater des Kriegsvolkes«,
   andere Formen: Volkrat, Fulrad

Volkwin althochdeutsch, von folc = »(Kriegs)Volk« und
   wini = »Freund«

Voutier französische Form von Walter

W

Walafried althochdeutsch, von waltan = »walten,
   herrschen« und fridu = »Friede, Schutz«

Walbert Sonderform von Walde-
   bert, von althochdeutsch waltan
   = »walten, herrschen« und beraht
   = »glänzend«

Waldemar althochdeutsch, von
   waltan = »walten, herrschen«
   und mari = »berühmt«

*Walther von der
Vogelweide (um
1170–1230) war ein
bekannter mittel-
hochdeutscher Dich-
ter und Minnesänger.*

Waldo englische Form von Walter und Waldemar

Walt amerikanische Kurzform von Walter

Walter althochdeutsch, von waltan = »walten, herrschen« und heri = »Heer«, auch: Walther

Waltram althochdeutsch, von waltan = »walten, herrschen« und hraban = »Rabe«, auch: Walram

Wanja russische Sonderform von Iwan

Warren englische Form von Warin

Wassili russische Formen von Basilius = »König«, auch: Wassily

Weko ostfriesische Kurzform von Namen mit Wed-, auch: Weke

Welf Stammesname des Fürstengeschlechts der Welfen, von althochdeutsch (h)welf = »Welpe, Tierjunges«

Wendel Kurzform von Namen mit Wen-, Wendel- oder Wand-, vom germanischen Stammesnamen der Wandalen, auch: Wendelin

Wenzel deutsche Kurzform von Wenzeslaus

Wenzeslaus latinisierte Form von altrussisch vjace = »mehr« und slava = »Ruhm«, Name mehrerer böhmischer Könige

Weriand von germanisch warjan = »wehren, verteidigen, schützen«, andere Formen: Werand, Warand

Werner althochdeutsch, von warjan = »wehren, verteidigen, schützen« und heri = »Heer«, auch: Wernher

Werno Kurzform von Namen mit Wern-

Wetzel Sonderform von Werner.

Widar nordisch = »Wald, Gehölz« und »Krieger«, auch: Vidar

Wieland von altenglisch weland, althochdeutsch waland = »Goldschmied«

Wigand von althochdeutsch wigant = »Kämpfer«

Wighard althochdeutsch, von wig = »Kampf« und hart = »hart, fest«, Umkehrung von Hartwig, auch: Wighart, Wichard, Wikhart

Wigmar althochdeutsch, von wig = »Kampf« und mari = »berühmt«

Wilbert althochdeutsch, von willo = »Wille« und beraht = »glänzend«

Wilbur englische Form von Wilbert

Wilfried althochdeutsch, von willo = »Wille« und fridu = »Schutz, Friede«, andere Formen: Wildfried, Wilferd, Wilfrid, Willfried, Wilfred

Wilhard althochdeutsch, von willo = »Wille« und hart = »hart, fest«, auch: Willard

Wilhelm althochdeutsch, von willo = »Wille« und helm = »Helm, Schutz«, Name deutscher Kaiser

Willy *Brandt (1913–1992) war ein deutscher SPD-Politiker und 1969 bis 1974 Bundeskanzler. 1971 erhielt er für seine Bemühungen um die Ost-West-Entspannung den Friedensnobelpreis.*

Wilko friesische Kurzform von Namen mit Will-

Will Kurzform von Namen mit Wil-

Willem niederdeutsche und niederländische Form von Wilhelm

Willi Kurzform von Wilhelm, auch: Willy

William englische Form von Wilhelm

Willibald althochdeutsch, von willo = »Wille« und bald = »kühn«

Willo ostfriesische Kurzform von Namen mit Wil- und Will-

Wilmont althochdeutsch, von willo = »Wille« und munt = »Schutz«

Wilson englisch, vom gleichlautenden Familiennamen mit der Bedeutung »Sohn von Will«

Wim Kurzform von Wilhelm

Winald althochdeutsch, von wini = »Freund« und waltan = »herrschen, walten«

Winfried althochdeutsch, von wini = »Freund« und fridu = »Schutz, Friede«, auch: Winfred, Winifred

Winibald althochdeutsch, von wini = »Freund« und bald = »kühn«

Winston englisch = »siegreiches Dorf«

Witiko althochdeutsch, von witu = »Wald, Gehölz« degan = »Gefolgsmann, tapferer Held«, auch: Wittiko

Witold polnisch, von althochdeutsch witu = »Wald,
Gehölz« und waltan = »herrschen«

Wladimir russisch, von vlast = »Macht, Herrschaft« und
mir = »Friede«

Wladislaw slawisch, von vlast = »Herrschaft, Macht«
und slava = »Ruhm«

Wolf von althochdeutsch wolf = »Wolf, wölfisch«, auch:
Wulf

Wolfdieter Doppelname aus Wolf und Dieter

Wolfdietrich Doppelname aus Wolf und Dietrich

Wolfgang althochdeutsch, von wolf = »Wolf« und gang
= »Waffengang, Streit«

Wolfrad althochdeutsch, von wolf
= »Wolf, wölfisch« und rat =
»Ratgeber«

Wolfram althochdeutsch, von wolf
= »Wolf, wölfisch« und hraban =
»Rabe«

Woodrow von altenglisch = »Baum-
hecke«

Woody Kurzform von Woodrow

Wunibald althochdeutsch, von wunn(i)a = »Wonne,
Lust« und bald = »kühn«

Wunibert althochdeutsch, von wunn(i)a = »Wonne,
Lust« und beraht = »glänzend«

*Der amerikanische
Schriftsteller, Film-
schauspieler und
-regisseur **Woody**
Allen (geb. 1935)
heißt eigentlich Allen
Konigsberg.*

Wybren friesisch, von althochdeutsch wig = »Kampf«
und bero = »Bär«

X

Xander Kurzform von Alexander
Xaver nach dem Schloss Xavier (Javier) in Navarra
(Spanien), dem Geburtsort des heiligen Franz Xaver,
Mitgründer des Jesuitenordens, andere Formen:
Xaverius, Xavier
Xenos griechisch = »der Fremde«
Xerxes griechische Form eines altpersischen Königs-
namens

Y

Yadigar türkisch, von persisch = »Andenken, Erinne-
rungsstück«
Yahsi türkisch, von yaksi = »schön, anmutig«
Yale ostfriesische Kurzform von nicht mehr gebräuch-
lichen Namen mit Geil-, von althochdeutsch geil =
»üppig, ausgelassen, lustig«
Yannick bretonische Form von Jean, auch: Jannick
Yaver türkisch, von arabisch = »Gehilfe, Helfer«
Yavuz türkisch, von yavuz = »hart, mutig«

Yehudi Sonderform von Jehudi

Yekta türkisch, vom persischen Wort für »einzigartig, einzig«

Yildirim türkisch = »Blitz«

Yilmaz türkisch = »unerschrocken, furchtlos«

Yngve skandinavisch, von germanisch Ing, Ingwi(o) = »Name einer germanischen Gottheit« und ve = »Freund«

Yohann französische Form von Johann, auch: Yohan

Yorck ostdeutsche und slawische Form von Georg, andere Formen: York, Yorick

Yukio japanisch = »Schneejunge«

Yule schottisch und nordenglisch, von englisch yule = »Weihnacht, Heiligabend«, in heidnischer Zeit Name des Mittwinternachtfestes

Yuma indianisch = »Sohn des Häuptlings«

Yümnü türkisch, von arabisch = »Segen, gutes Zeichen, gutes Vorzeichen«

Yunus türkische Form von Jonas, auch Bezeichnung für »Delfin«

Yusuf türkische und arabische Form von Josef

> *Der türkische Vorname* **Yeter** *bedeutet »Nun langt es aber!« und meint, dass jetzt genug Kinder da sind. In Mitteleuropa wurde diese Aufforderung an das Schicksal manchmal mit dem Vornamen* **Ultimo** *(lateinisch = »der Letzte«) zum Ausdruck gebracht.*

Yves französische Form von Ivo
Yvon schweizerisch, vielleicht Sonderform von Ivo

Z

Zacharias griechische Form des biblischen Namens
Sacharja, von hebräisch zekhare jah(u) = »erinnert
hat sich Jah (Jahwe), der Herr«, Vater von Johannes
dem Täufer, andere Formen: Zach, Zacher, Sachar,
Zaccaria, Zacharie

Zachäus biblischer Name, von hebräisch = »der
Unschuldige«, ein Zollaufseher in Jericho, in dessen
Haus Jesus einkehrte

Zadok biblischer Name, von hebräisch sadoq = »der
Gerechte«, im Alten Testament Oberpriester zur Zeit
von David und Salomon

Zafer türkisch, von arabisch = »Triumph, Sieg«

Zahit türkisch, von arabisch zahid = »asketisch«,
vermutlich auch »fromm, gottesfürchtig«

Zak Sonderform von Isaac

Zakir türkisch, von arabisch dakir = »der die Lobprei-
sungen Gottes rezitiert«

Zammert ostfriesische Sonderform von Dietmar

Zarif türkisch, von arabisch = »vornehm, geistreich«

Zati türkisch, von arabisch = »persönlich, wesentlich«

Zdenko tschechische Form von Sidonius = »der aus der Stadt Sidon Stammende«

Zefirino italienisch, von griechisch zoe pherein = »Leben bringen« oder zephyrie = »der Wind Zephir« (Westwind), auch: Zephyrinus

Zeki türkischer Name, zu arabisch zakiy = »klug«

Zeno griechische Kurzform von Zenodotos oder Zenobius, von zenon = »Zeus« und doros = »Geschenk«

> *Zion* *ist ein englischer Vorname und kommt vom biblischen Namen des Tempelberges in Jerusalem, der später zur Bezeichnung für ganz Jerusalem wurde.*

Zenobius griechisch, von zenon = »Zeus« und bios = »Leben«, auch: Zenobio

Zerres niederdeutsche und rheinische Kurzform von Severin

Zihni türkisch, arabische Kurzform von ziyaettin = »Licht«

Ziliax Kurzform von Cyriakus

Zlatko slawische Kurzform von Namen mit zlato = »Gold, golden«

Zölestin deutsche Form von Cölestin

Zoltán ungarisch, vom türkischen Titel Sultan

Zwi hebräisch = »der Hirsch«

Zyprian deutsche Form von Cyprian

Adressen für Namensberatung

Universität Leipzig
Gesellschaft für Namenskunde e.V.
Namensberatungsstelle
Frau G. Rodriguez
Augustusplatz 9
04109 Leipzig
Telefon: 0341/9737464 · Fax: 0341/9737499
E-Mail: rodrig@rz.uni-leipzig.de

Die Gesellschaft für Namenskunde steht für Auskünfte und Beratung zum Thema Vornamen zur Verfügung. Hier werden auch Gutachten über Vornamen erstellt. Ein schriftliches Gutachten kostet etwa 40 Euro.

Geschäftsstelle der Gesellschaft für deutsche Sprache
Spiegelgasse 13
D-65183 Wiesbaden
Telefon: (06 11) 9 99 55-0 · Fax: (06 11) 9 99 55-30
Zentrale E-Mail-Adresse: sekr@gfds.de

Die GfdS erteilt Auskünfte zu Herkunft, Bedeutung und Zulässigkeit von Vornamen. Telefonische Auskünfte sind kostenlos, schriftliche Gutachten über Vornamen kosten in der Regel (je nach Zeitaufwand) etwa 40 Euro.

Hilfreiche Internet-Adressen

www.vornamen.com Enthält ausführliche Namenslisten;
  Suchmöglichkeit nach Namenstagen, rechtliche Hinweise
www.familie-online.de Umfangreiche Sammlung, bringt auch
  Informationen zu rechtlichen Fragen, Hitlisten, die neues-
  ten juristischen Entscheidungen zu Vornamen
www.kindername.de Mit Diskussionsforum, großer Namensliste, Trends, Hitlisten und Namenstagen
www.vornamenportal.de Namenslisten, Buchhinweise, Diskussionsforum, Hinweise zum Namensrecht
www.vornamenlexikon.de Informiert über Herkunft und
  Bedeutung zahlreicher Namen
www.hebammenpraxis.com Vorschläge für ratlose Eltern
www.hebammen.at Österreichische Seite für Hebammen, die
  ratlosen Eltern bei der Namensuche helfen wollen. Enthält
  neben vielem anderen auch eine Vornamen-Datenbank
www.babynamer.com US-amerikanische Seite mit 23.000
  Namen aus aller Welt
www.firstname.de Internationale Vornamendatenbank
www.zappybaby.de Seite rund ums Baby, mit Vornamenbuch
www.babyzimmer.de Informationen zur Namensfindung
www.geschke.net/vornamen Umfangreiche Namensliste mit
  Bedeutungen

Über dieses Buch

Die Autorin Claudia Krader hat Politische Wissenschaften studiert. Nach jahrelanger Verlagstätigkeit und einem beruflichen Abstecher in die Computerbranche lebt sie jetzt als freie Autorin und Lektorin in München und auf Gran Canaria.

Haftungsausschluss Die Inhalte dieses Buches sind sorgfältig recherchiert und erarbeitet worden. Dennoch kann weder die Autorin noch der Verlag für die Angaben in diesem Buch eine Haftung übernehmen.

Impressum Es ist nicht gestattet, Abbildungen und Texte dieses Buches zu digitalisieren, auf PCs und CDs zu speichern oder auf PCs/Computern zu verändern oder einzeln oder zusammen mit anderen Bildvorlagen/Texten zu manipulieren, es sei denn mit schriftlicher Genehmigung des Verlages.

Sonderausgabe für Droemersche Verlagsanstalt Th. Knaur Nachf. GmbH & Co., München

© 2002 Verlagsgruppe Weltbild GmbH, Steinerne Furt 67, 86167 Augsburg

4. Auflage 2005. Alle Rechte vorbehalten

Projektleitung und Redaktion: Dr. Ulrike Strerath-Bolz
Bildredaktion: Susanne Allende
Umschlaggestaltung: Zero Werbeagentur, München
Reihenlayout und Satz: KL-Grafik, München
Reproduktion: Uhl + Massopust, Aalen
Druck und Bindung: Offizin Andersen Nexö Leipzig GmbH,
Spenglerallee 26–30, 04442 Zwenkau

Bildnachweis akg-images Archiv für Kunst und Geschichte GmbH, Berlin: 19, 61; Mauritius Die Bildagentur GmbH, Mittenwald: 4 (Poehlmann); idime Verlag, Friedrichshafen: 103 (Inge Melzer); Premium. Stock Photography GmbH, Düsseldorf: 41 (Stock Image), 123 (Image State); RTL, Köln: 83.

Gedruckt auf chlorfrei gebleichtem Papier

Printed in Germany

ISBN 3-426-66461-5

Anhang

Traditionelle deutsche Namen

Adalbert	Erich	Horst	Rainer
Albert	Ernst	Hubert	Ralf
Alfons	Erwin	Hugo	Reinhard
Alfred	Eugen	Jürgen	Richard
Anton	Frank	Karl	Robert
Armin	Franz	Karsten	Roland
Arnold	Friedrich	Klaus	Rolf
Bernd	Gebhard	Konrad	Rüdiger
Bernhard	Georg	Kurt	Rudolf
Bertram	Gerald	Leopold	Siegfried
Christian	Gregor	Lorenz	Stefan
Christoph	Günther	Ludwig	Theodor
Dieter	Hagen	Manfred	Ulrich
Dietmar	Hans	Martin	Uwe
Eberhard	Hartmut	Moritz	Viktor
Edmund	Heinrich	Norbert	Volker
Egon	Heinz	Oskar	Walter
Elmar	Helmut	Paul	Werner
Emil	Herbert	Peter	Wilhelm
Erhard	Hermann	Phillip	Wolfgang

Namen aus der Bibel und hebräische Namen

Aaron	David	Jephta	Nahum
Abel	Elias	Jeremias	Nathan
Abner	Elieser	Jesse	Nehemia
Abraham	Emanuel	Jethro	Noah
Absalom	Enoch	Joachim	Raphael
Achaz	Esra	Joel	Ruben
Achim	Ethan	Johannes	Salomon
Adam	Evangelos	Jonah	Samuel
Amin	Gabriel	Jonathan	Saul
Amon	Gerson	Josef	Seraphim
Amos	Gideon	Joshua	Seth
Andreas	Halil	Josias	Silas
Asher	Hiob	Lazarus	Simeon
Balthasar	Hiram	Levi	Simson
Bartholo-	Hosea	Lukas	Sirach
mäus	Immanuel	Markus	Thomas
Benjamin	Ira	Mathäus	Tobias
Caleb	Isaak	Meir	Uriah
Chaim	Ismael	Melchior	Urias
Christoph	Jakob	Michael	Uriel
Dan	Jared	Moses	Zacharias
Daniel	Jedidah	Nabor	Zachäus

Schöne Namen aus unseren Nachbarländern

Allan	Helge	Niels
Anatol	Henrik	Pascal
Anders	Holger	Ramón
Arwed	Igor	Raoul
Axel	Imre	Rasmus
Beat	Ingemar	René
Birger	Iwan	Reto
Björn	Janek	Risto
Boris	Jason	Robin
Briko	Joris	Sandro
Claude	Kevin	Sigurd
Corentin	Kilian	Sören
Damian	Lelio	Sven
Dennis	Liam	Tiziano
Dorian	Loris	Torben
Dragan	Luigi	Torsten
Feodor	Malte	Tristan
Fulvio	Marcel	Vasco
Goran	Mario	Vico
Guido	Mika	Warren
Gunnar	Milan	Wassili
Haldor	Mirko	Yves

Schöne Namen aus anderen Kulturen

Adnan	Kadri	Sabri
Akash	Kalami	Safet
Amin	Kamal	Sahil
Anand	Karim	Salih
Anil	Keanu	Salman
Anwar	Kerim	Serif
Arun	Kiyoshi	Shahin
Azmi	Levent	Sinan
Bekir	Mahir	Tahir
Cemal	Mehmet	Tahsin
Deniz	Melik	Taki
Emin	Nafi	Umit
Erim	Namid	Umran
Fatih	Namik	Vahdet
Gamal	Nasir	Vecih
Habib	Nayati	Vedat
Hakan	Nekat	Yadigar
Hamal	Rahman	Yahsi
Helaku	Rajan	Yilmaz
Ho	Rajnish	Yukio
Jalal	Rami	Yuma
Jamal	Rasim	Zafer